바빠 초등 6급 한자 2권

이지스에듀

지은이 | 김정미, 강민

김정미 선생님은 서울 교대에서 초등교육을 전공하고, 20년 넘게 교단을 지키고 있다. 남편 강민 선생님과 함께 초등 한자 분야에서 스테디셀러로 자리 매김한 바빠 초등 급수 한자 시리즈를 공동 집필하였다. 바빠 초등 급수 한자 시리즈는 어원을 그림으로 그려 설명하고 획순에 이야기를 담아 어린 아이들도 한자를 쉽게 익히고 급수를 딸 수 있도록 구성한 시리즈로 《바빠 초등 8급 한자》, 《바빠 초등 7급 한자》 1, 2와 《바빠 초등 6급 한자》 1, 2, 3 등이 있다.

강민 선생님은 서울대에서 인문학을 전공하고, 컴퓨터 프로그래머로 일하며 한자를 좋아하여 관심을 두다가, 첫 아이 태교를 하면서 한자의 모양과 소리와 뜻을 파헤치기 시작했다. 부인 김정미 선생님과 함께 《바빠 초등 8급 한자》, 《바빠 초등 7급 한자》 1, 2와 《바빠 초등 6급 한자》 1, 2, 3 등을 출간했다. 한자가 쉽게 외워지는 세 박자 풀이말을 고안해 풀이말을 읽으면 어려운 한자도 척척 써낼 수 있도록 하였다.

'바빠 초등 급수 한자' 시리즈

바빠 초등 6급 한자 2권

(이 책은 2017년 11월에 출간된 '바쁜 초등학생을 위한 빠른 급수 한자 6급 2권'을 개정 증보한 판입니다.)

초판 1쇄 인쇄 2025년 7월 10일
초판 1쇄 발행 2025년 7월 24일
지은이 김정미, 강민
발행인 이지연
펴낸곳 이지스퍼블리싱(주)
출판사 등록번호 제313-2010-123호
제조국명 대한민국
주소 서울시 마포구 잔다리로 109 이지스 빌딩 5층(우편번호 04003)
대표전화 02-325-1722   팩스 02-326-1723
이지스퍼블리싱 홈페이지 www.easyspub.com   이지스에듀 카페 www.easysedu.co.kr
바빠 아지트 블로그 blog.naver.com/easyspub   인스타그램 @easys_edu
페이스북 www.facebook.com/easyspub2014   이메일 service@easyspub.co.kr

기획 및 책임 편집 정지연 | 이지혜, 박지연, 김현주   디자인 김세리   삽화 김학수
전산편집 책돼지   인쇄 보광문화사   영업 및 문의 이주동, 김요한(support@easyspub.co.kr)
마케팅 라혜주   독자 지원 박애림, 이세진, 김수경

ISBN 979-11-6303-736-1 64710
ISBN 979-11-6303-712-5 64710(세트)
가격 11,000원

• 이지스에듀는 이지스퍼블리싱(주)의 교육 브랜드입니다.
 (이지스에듀는 학생들을 탈락시키지 않고 모두 목적지까지 데려가는 책을 만듭니다!)

> **"큰딸에 이어서 작은딸도**
> **〈바빠 초등 급수 한자〉 시리즈로 한자 공부합니다!"**
>
> – 밤톨엄마 님 –

내 아이 첫 한자 책이라 쉬운 교재를 선택했습니다. 한자의 뜻을 그림으로 잘 표현해 이해하기 쉬워 보입니다. 그래서인지 아이가 처음으로 끝까지 다 푼 교재예요.

woomi211 님

한자를 처음 공부하는 아이도 쉽게 따라갈 수 있도록 구성되어 있습니다. 또한 한자가 사용되는 단어들도 같이 다루어서 어휘를 확장할 수 있어 좋았습니다.

kconfidence 님

급수 한자 공부에 꼭 필요한 부분을 효율적으로 공부할 수 있어요. 그리고 가려진 한자를 쓰는 게 아이들 입장에서 재미도 있고 몰입하게 되는 거 같아요.

라벤더 향기 님

이 책을 선택한 가장 큰 이유는 바로 한자 쓰기 비중이 많지 않아서 부담이 없다는 점입니다. 두 번째는 한자 어휘 읽는 것을 반복해서 훈련시켜 주기 때문에 좋습니다.

clover0311 님

제가 아이에게 한자를 가르치는 이유는 어휘 확장을 위한 건데 다른 교재들은 시험용으로만 나왔더라구요. 이 교재는 한자 어휘 학습이 많다보니 시험 준비 뿐 아니라 어휘력까지 키울 수 있어 만족스럽습니다.

mye 님

남자아이라 한자 쓰기 칸이 많으면 시작하기도 전에 질려 버리는 경향이 있는데 이 교재는 한자 쓰는 칸이 적당한 것 같아요. 바쁜 초등학생을 위한 한자 교재라 그런지 구성이 단순하면서도 한자 공부에 필요한 내용이 모두 들어 있어서 만족합니다.

매일매일소중해 님

한 번 봐도 두 번 외운 효과! **두뇌** 자극 급수 한자 책
바빠 초등 6급 한자

한자는 모든 공부의 바탕입니다.

교과서에 나오는 학습 용어의 90% 이상이 한자어입니다. 학년이 올라갈수록 한자를 모르면 교과서를 이해하기가 점점 어려워집니다. 예를 들어, 수학 교과서에는 '직선'과 '반직선'이 나옵니다. '직선(直線)'은 곧게 뻗은 선이고, '반직선(半直線)'은 '반(半)'이 '절반 반'이므로 양방향으로 길게 뻗은 직선의 반, 즉 한 방향으로만 곧게 뻗은 선을 말합니다. 이처럼 한자를 익히면 어려운 수학 용어도 쉽게 이해할 수 있습니다.

급수 시험은 한자 공부에 집중할 수 있는 좋은 계기가 됩니다.

학습의 바탕이 되는 이 한자를 학교에서는 정규 수업으로 가르치지 않습니다. 한자 공부를 어디부터 시작해야 할지 막연하다면 한자 급수 시험을 준비해 보세요. 목표를 정하면 짧은 시간에 효과적으로 한자를 공부할 수 있으니까요.

〈바빠 초등 6급 한자〉는 6급 시험에 새로 나오는 한자 150자를 배웁니다. 다만 6급 시험에는 8·7급 한자도 나옵니다. 그래서 이 책의 문제는 8·7급 한자(150자)를 포함한 문장으로 구성했습니다. 6급 자격증을 따면 초등 교과 공부의 바탕이 되는 기초 한자 300자를 배운 것과 마찬가지 입니다.

한자 공부의 지루함과 암기의 어려움을 해결하는 6가지 방법

그런데 문제는 한자도 공부인지라 지겹다는 점과 힘들게 공부한 한자를 보통 다음날이면 잊어버린다는 겁니다. 이를 해결하기 위해 연구에 연구를 거듭한 결과가 바로 이 책입니다.

❶ '한자의 획'을 그림으로 구현

이 책은 '한자의 획'을 '그림의 선'으로 그려, 그림을 보면 한자를 쉽게 익힐 수 있습니다. 또 '해와 달이 떠올라 밝게 비추는 밝을 명(明)'처럼 한자마다 붙은 풀이말과 함께 공부하면 한자가 기억에 오래 남습니다.

❷ 암기 효과를 2배로 높여 주는 '세 박자 풀이말'

한 획 한 획을 쓸 때 운율이 있는 세 박자 풀이말을 붙여 놓아, 그 풀이말을 기억하면 한자가 자연스럽게 써집니다.

❸ 물방울에 가려진 한자 쓰기

인지 학습 분야 전문가의 말에 따르면 학습에 적정한 어려움이 있을 때 기억에 오래 남는다고 합니다. 이 책에서는 물방울 모양이 적정한 어려움으로 작용해, 한자가 기억에 오래 남게 도와줍니다.

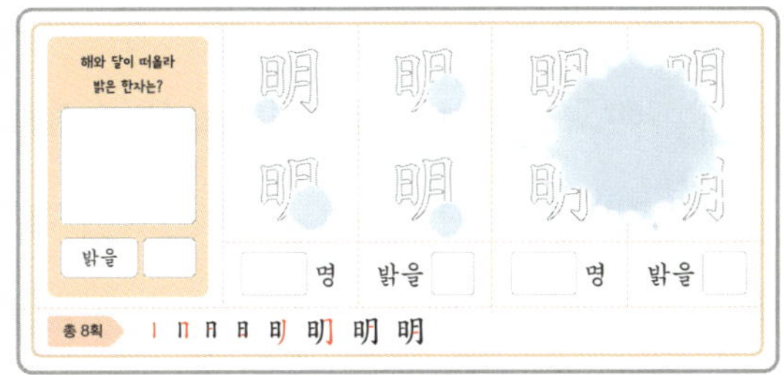

❹ 문해력 향상을 돕는 한자 어휘 공부까지!

이 책은 한자 어휘를 배우고 문장으로 확장해서 한자 어휘력을 키워줍니다. 교과서 용어와 일상적으로 쓰는 어휘에서 아이들이 한자를 발견하고, 교과 개념을 쉽게 이해할 수 있습니다.

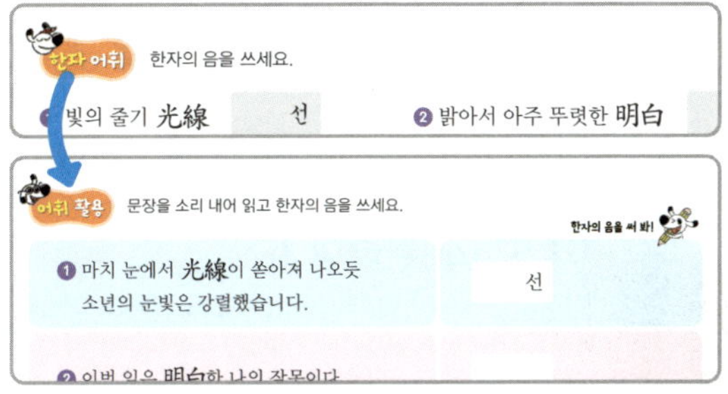

❺ 망각이 일어나기 전에 복습하기 단계 구성!

앞 과에서 배운 한자가 다음 과의 문제 속에 등장해서 자주 복습하게 됩니다. 이는 뇌의 단기 기억을 장기 기억으로 바꾸는 역할을 합니다. 특히, '복습하기' 단계는 다섯 과를 학습할 때마다 복습하도록 짜여 있어 공부한 한자는 반드시 기억하도록 했습니다.

❻ '한자 쓰기' 추가 학습 및 부록 2회 모의시험

한자 쓰기는 6급 시험 문제 유형 중 가장 어려워하고 많이 틀리는 문제입니다. 추가 학습인 '한자 쓰기, 시험에 자주 나오는 한자를 공부하자!'는 빈출순으로 정리되어 있어서 공부 효율이 높습니다.

또한 기출 수준의 모의시험이 2회 수록되어 있어 자신의 실력을 확인하고 보완할 수 있습니다. 6급 시험은 70점 이상 (90문항 중 63문항)을 획득하면 합격입니다. 〈바빠 초등 6급 한자〉 3권의 모의고사 2회 결과가 모두 70점 이상이라면 실제 시험을 치르지 않아도 6급을 취득한 것과 마찬가지입니다.

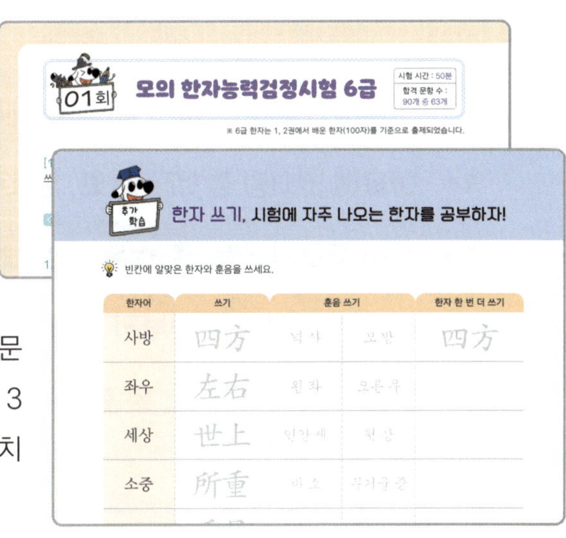

바빠 초등 6급 한자 2권

공부한 날짜

나만의 공부 계획을 세워 보자!

나의 진도 __________ 일

나는 어떤 학생인가?	권장 진도
☑ 급수 시험 공부는 처음이에요. ☐ '바빠 초등 6급 한자 2권' 50자 가운데 아는 한자가 5자도 안 돼요.	30일
☐ 8급이나 7급 시험을 친 경험이 있어요. ☐ '바빠 초등 6급 한자 2권' 50자 가운데 아는 한자가 10자 이상이에요.	14일
☐ 한자 공부가 재미있어요. ☐ 6급 자격증을 빨리 따고 싶어요. ☐ '바빠 초등 6급 한자 2권' 50자 가운데 아는 한자가 20자 이상이에요.	10일

📖 권장 진도표

• 30일 진도는 하루에 1과씩 공부하면 됩니다.

날짜	1일 차	2일 차	3일 차	4일 차	5일 차	6일 차	7일 차
14일 진도	준비 학습 01~02과	03~04과	05~06과	07~08과	09~10과	11~13과	14~15과
10일 진도	준비 학습 01~02과	03~05과	06~09과	10~12과	13~15과	16~19과	20~23과

날짜	8일 차	9일 차	10일 차	11일 차	12일 차	13일 차	14일 차
14일 진도	16~18과	19~20과	21~22과	23~25과	26~28과	29~30과 모의시험 1회	추가 학습 모의시험 2회 (끝)
10일 진도	24~27과	28~30과 모의시험 1회	추가 학습 모의시험 2회 (끝)				

바빠 초등 6급 한자 2권

한자를 쓰는 순서, 필순을 알면 쉽다!

필순을 왜 공부해야 할까?

처음 한자를 공부하면 한자를 쓰는 일이 어렵게 느껴집니다. 한글과는 달리 일정한 규칙이 없는 것처럼 느껴지니까요. 하지만 한자도 쓰는 규칙이 있습니다. 필순은 붓(筆)으로 획을 쓰는 순서(順)를 말합니다. 오랜 세월 한자를 쓰는 동안 자연스럽게 필순이 정해졌습니다. 한글보다 획이 많은 한자는 필순에 맞게 써야 쓰기도 편하고 글자 모양도 아름답습니다.

필순의 7가지 규칙

이 책에서는 기본 규칙을 7가지로 정리했습니다. 필순을 외우려고 애쓰기보다는 앞으로 배울 한자를 자연스럽게 쓰기 위해 가볍게 살펴보는 정도로 학습하면 됩니다. 〈바빠 초등 6급 한자〉 속 풀이말을 따라 공부하면 자연스럽게 필순을 익힐 수 있습니다.

1. 가로획과 세로획이 만날 때는 가로획을 먼저 씁니다.

예 古(예 고), 苦(쓸 고), 共(한가지 공)

2. 口(입 구)와 비슷한 한자는 몸(冂)을 먼저 쓰고 안은 나중에 씁니다.

예 圖(그림 도)

3. 亅(갈고리)가 글자의 한가운데 오면 갈고리 모양을 맨 먼저 씁니다.

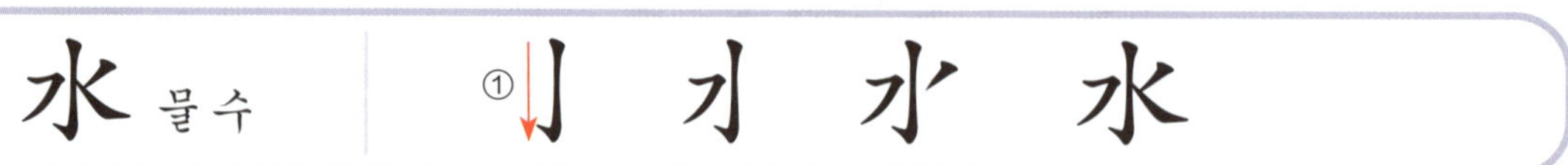

예 小(작을 소)

4. 양쪽 점을 먼저 씁니다.

火 불화 | ① 、 丶丶 ② 少 火

5. ㇓(오른점삐침)은 오른쪽 위에서 왼쪽 아래로 내려 긋습니다.

死 죽을 사 | 一 厂 歹 歹 死 死

6. ノ(삐침)을 먼저 쓰고 ㇏(파임)을 나중에 씁니다.

交 사귈 교 | 、 亠 六 六 交 交

例 教(가르칠 교), 校(학교 교)

7. 글자 가운데를 뚫고 지나가는 획은 마지막에 씁니다.

中 가운데 중 | ㇑ ㄇ 口 中

例 軍(군사 군), 半(반 반)

이 외에도 '위에서 아래로 쓴다', '왼쪽에서 오른쪽으로 쓴다'는 규칙이 있으나 자연스럽게 익힐 수 있으므로 다루지 않았습니다. 또한, 필순에 예외가 많으므로 한자를 쓰는 기본 규칙을 알아 두는 정도로 학습하는 것이 좋습니다. 본격적인 한자 학습 시에는 풀이말로 한자를 외우는 방법이 효과적입니다.

다음 한자는 어떤 순서로 쓸까요?

古
① 一 十 古 古 古
② 丨 十 古 古 古

정답 ①

11

01 나무의 뿌리 쪽 근본 本, 나무의 거친 껍질 성 朴

근본 본

성 박

'근본 본'은 나무의(木) 뿌리 쪽에 '一'를 표시해 뿌리가 나무를 지탱하는 근본을 나타내요.

'성 박'은 나무의(木) 거친 껍질처럼(卜) 자연 그대로의 순박함을 나타내요.

풀이말을 큰 소리로 읽으며 획을 따라 쓰세요.

따라 써 봐!

本	本	本	本
나무의	뿌리 쪽	근본 본	근본 ☐

朴	朴	朴	朴
나무의	거친 껍질처럼 꾸밈없는	성 박	성 ☐

도움말 《열하일기》를 쓴 조선 시대의 학자 연암 박지원의 성씨가 朴(성 박)이에요. 朴(성 박)은 나무껍질이 울퉁불퉁한 후박나무 껍질을 표현했어요.

유의어 本(근본 본) ㅡ 根(뿌리 근)

물방울 ◯ 에 가려진 한자를 필순에 맞게 쓰고, 빈칸에 훈과 음을 쓰세요.

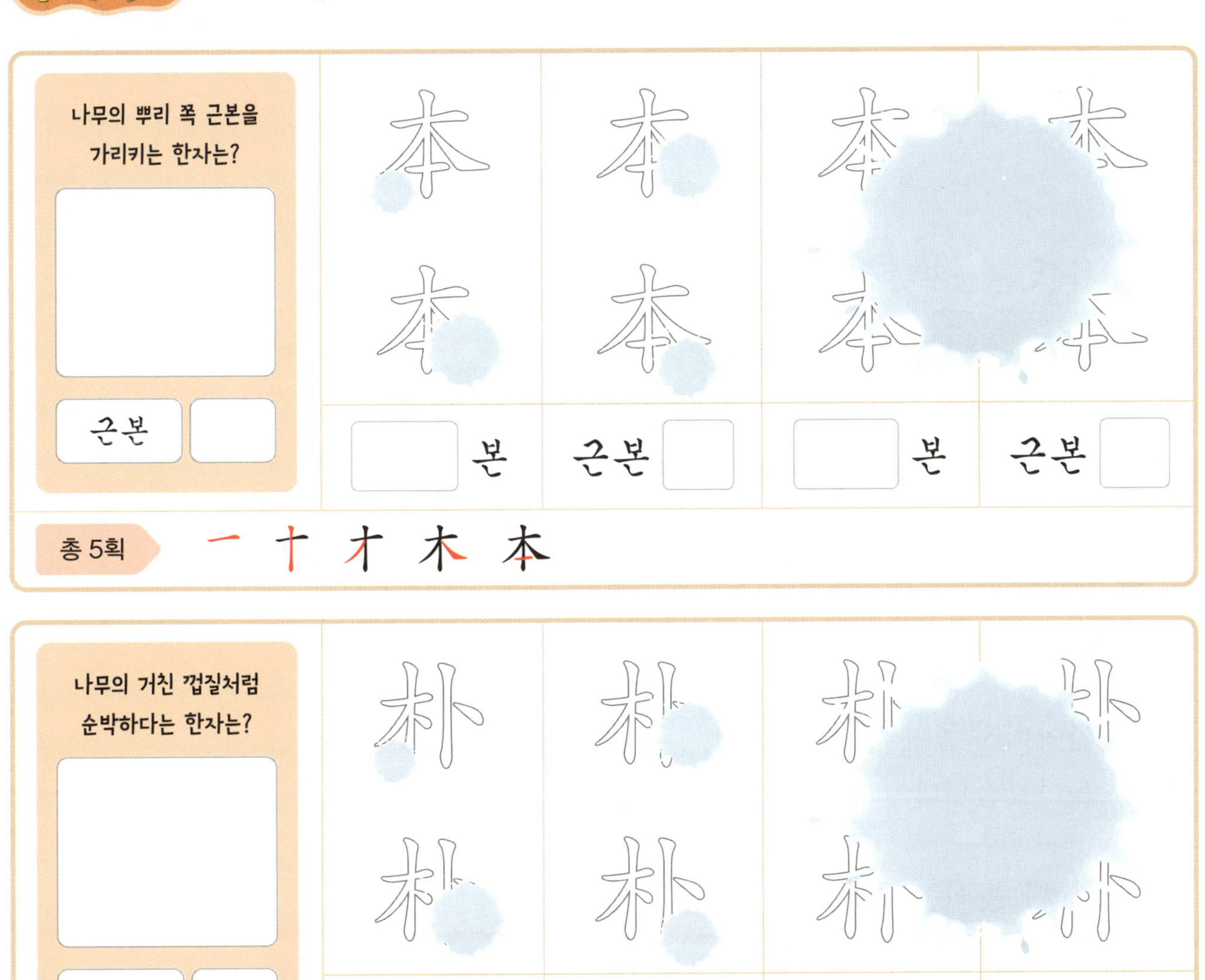

나무의 뿌리 쪽 근본을 가리키는 한자는?

근본

⬜ 본   근본 ⬜   ⬜ 본   근본 ⬜

총 5획 ▶ 一 十 才 木 本

나무의 거친 껍질처럼 순박하다는 한자는?

성

⬜ 박   성 ⬜   ⬜ 박   성 ⬜

총 6획 ▶ 一 十 才 木 杓 朴

한자의 음을 쓰세요.

❶ 주가 되는 직업 **本業**　　업　　❷ 한국 성씨 중 하나 **朴氏**　　씨

❸ 중심이 되는 부서 **本部**　　부　　❹ 박씨 부장님 **朴 部長**　　부

❺ 사물의 처음 바탕 **本來**　　　　❻ 박씨 사장님 **朴 社長**　　사

예습! 6급 한자　業(업 업) 氏(성씨 씨, 4급) 部(떼 부) 社(모일 사)　　복습! 한자　長(긴/어른 장) 來(올 래)

 **어휘 활용** 문장을 소리 내어 읽고 한자의 음을 쓰세요.

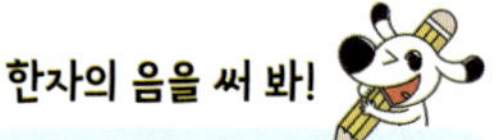

1 아버지의 **本業**은 글을 쓰는 것입니다. 업

2 **朴氏**는 꿈꾸듯 혼자 중얼거렸습니다. 씨

국어 3
3 남극의 과학 기지에도 국제연합 **本部**에도
언제나 국기가 함께해요. 부

4 **朴 部長**은 이번 프로젝트에
참여하기로 했습니다.

국어 3
5 할아버지 몸이 **本來** 크기로
돌아왔습니다.

6 **朴 社長**이 내년도 사업 계획안을
발표했습니다. 사

다음 밑줄 친 단어의 한자를 〈보기〉에서 고르세요.

〈보기〉 ① 本業 ② 本部 ③ 本來 ④ 朴 部長 ⑤ 朴 社長

1. 그는 육군 <u>본부</u>에 근무하고 있습니다. ________

2. 그는 <u>본래</u> 말이 없는 사람입니다. ________

3. 고모는 <u>본업</u>보다 부업으로 버는 수입이 더 많습니다. ________

4. <u>박 부장</u>이 이번 인사이동을 맡게 되었습니다. ________

  정답 **1** 본업 **2** 박씨 **3** 본부 **4** 박 부장 **5** 본래 **6** 박 사장 | 1. ② 2. ③ 3. ① 4. ④

02

열매가 나무에 실과 果, 나무가 큰북 세운 듯 선 나무 樹

실과 과

나무 수

'실과 과'는 열매가 주렁주렁(日)
나무에 달린(木) 모양이에요.

'나무 수'는 나무가(木) 큰북을(壴)
손으로 세운 듯(寸) 서 있는 모습이에요.

풀이말을 큰 소리로 읽으며 획을 따라 쓰세요.

따라 써 봐!

果	果	果	果
열매가 주렁주렁	나무에 달린	실과 과	실과 ☐

樹	樹	樹	樹
나무가	큰북을	손으로 세운 듯 서 있는	나무 수	나무 ☐

도움말 果(실과 과)에서 '실과'는 열매를 말해요. 木(나무 목)과 樹(나무 수)은 둘 다 '나무'라는 뜻을 가졌지만, 木는 '목재'처럼 재료로
써의 나무를, 樹는 '상록수'처럼 살아서 자라는 나무를 가리킬 때 주로 쓰여요.

유의어 樹(나무 수) ― 木(나무 목), 樹(나무 수) ― 林(수풀 림)

 **물방울 한자** 물방울 ⬤ 에 가려진 한자를 필순에 맞게 쓰고, 빈칸에 훈과 음을 쓰세요.

열매가 주렁주렁 나무에 달린 모양의 한자는?	果 果	果 果	果 果	果 果
실과 ☐	☐ 과	실과 ☐	☐ 과	실과 ☐

총 8획 ▷ 丨 冂 冂 曰 旦 里 果 果

나무가 큰북 세운 듯 꼿꼿하게 서 있는 한자는?	樹 樹	樹 樹	樹 樹	樹 樹
나무 ☐	☐ 수	나무 ☐	☐ 수	나무 ☐

총 16획 ▷ 一 十 才 才 木 村 村 杧 枯 桔 桔 桔 桔 桔 樹 樹

 **한자 어휘** 한자의 음을 쓰세요.

1. 과실나무 **果樹**
2. 살아있는 나무 **樹木**
3. 결과가 그러한 **果然**
4. 나무숲 **樹林**
5. 온갖 과일 **百果**
6. 나무를 심는 **植樹**

복습! 한자 木(나무 목) 然(그럴 연) 林(수풀 림) 百(일백 백) 植(심을 식)

 문장을 소리 내어 읽고 한자의 음을 쓰세요.

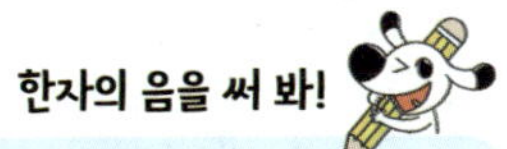

수학 4

1 정우는 **果樹**원에서 사과를
3.247kg 수확했습니다. 

☐ 원

2 **樹木**이 울창한 숲에서 길을 잃었습니다.

국어 4

3 동물원에서 살아가는 동물은
果然 행복할까요?

4 열대 **樹林**이 우거진 지역은
덥고 습해요.

5 산에는 수풀이 무성하고 들에는
오곡**百果**가 풍성합니다.

6 대통령은 '푸른 숲 가꾸기' 운동에
참여해 직접 **植樹**했습니다.

다음 밑줄 친 단어의 한자를 <보기>에서 고르세요.

<보기>　　① 樹林　② 果然　③ 樹木　④ 植樹　⑤ 果樹

1. 날이 갈수록 <u>수목</u>이 짙은 녹색으로 변해 갔습니다. ________

2. 우리는 <u>식수</u>를 하고 물을 주었습니다. ________

3. 광개토 대왕은 <u>과연</u> 위대한 인물입니다. ________

4. 우리 할아버지는 <u>과수</u>원을 하십니다. ________

03

열매에서 즙 나오는 말미암을 由, 열매에서 나오는 기름 油

말미암을 유

기름 유

'말미암을 유'는 열매 속에서(冂)
즙이 나오는(丄) 모양을 그렸어요.
열매즙은 열매로 말미암아 생겨요.

'기름 유'는 물이 흘러나오듯(氵)
열매 속에서(冂) 나오는(丄) 기름을 나타내요.

 풀이말을 큰 소리로 읽으며 획을 따라 쓰세요.

따라 써 봐!

由	由		由
열매 속에서	즙이 나오는	말미암을 유	말미암을 ☐

油	油	油		油
물이 흘러나오듯	열매 속에서	나오는	기름 유	기름 ☐

도움말 由(말미암을 유)의 뜻인 '말미암다'는 어떤 일이 다른 일의 원인이나 이유가 되는 것을 말해요.

 **물방울 한자**   물방울 ⬤ 에 가려진 한자를 필순에 맞게 쓰고, 빈칸에 훈과 음을 쓰세요.

 **한자 어휘**   한자의 음을 쓰세요.

❶ 일이 생겨난 바 **由來**

❷ 석유가 나는 곳 **油田**

❸ 그렇게 된 까닭 **理由** 이

❹ 기름 물감으로 그린 **油畫**

❺ 스스로 마음껏 하는 **自由**

❻ 땅속의 기름 **石油** 석

예습! 6급 한자 理(다스릴 리) 石(돌 석)   복습! 한자 來(올 래) 田(밭 전) 畫(그림 화 | 그을 획) 自(스스로 자)

1 '백의민족'이란 말은 우리 민족이 흰색 옷을 즐겨 입은 데서 **由來**하였습니다.

2 석유가 나는 지역을 **油田**이라고 해요.

3 까닭은 의견을 뒷받침하는 사실이나 **理由**를 말합니다.

이

미술 4
4 작가는 먼저 윗부분을 **油畫** 기법으로 직접 그렸습니다.

5 이 로봇은 바닷속에서 **自由**롭게 움직입니다.

과학 4
6 **石油**를 대체할 생물 연료를 개발하기도 합니다.

석

다음 밑줄 친 단어의 한자를 〈보기〉에서 고르세요.

〈보기〉　① **由來**　② **自由**　③ **油田**　④ **石油**　⑤ **理由**

1. 최근 석유 가격이 많이 올랐습니다. ________

2. 이 지명의 유래를 알 수 없습니다. ________

3. 그렇게 행동한 이유를 곰곰이 생각해 보세요. ________

4. 저유가는 유전 개발 투자를 위축시킵니다. ________

정답　**1** 유래　**2** 유전　**3** 이유　**4** 유화　**5** 자유　**6** 석유　│　1.④ 2.① 3.⑤ 4.③

04 도끼로 만드는 새 新, 나무를 가까이 보는 친할 親

새 신

친할 친

'새 신'은 서 있는(立) 나무를(木)
도끼로 찍어 물건을 새로 만드는(斤) 모습이에요.

'친할 친'은 서 있는(立) 나무를(木)
가까이 다가가 바라보는(見) 모습이에요.

 풀이말을 큰 소리로 읽으며 획을 따라 쓰세요.

新	新	新		新
 서 있는	나무를	도끼로 찍어 새로 만드는	새 신	새 ☐

親	親	親		親
 서 있는	나무를	가까이서 바라보는 	친할 친	친할 ☐

도움말 新(새 신)에서 斤(도끼 근)은 도끼머리와 도낏자루를 표현한 글자예요.

반의어 新(새 신) ↔ 古(예 고)

물방울 한자 물방울 에 가려진 한자를 필순에 맞게 쓰고, 빈칸에 훈과 음을 쓰세요.

서 있는 나무를 도끼로 찍어 물건을 새로 만드는 한자는?

새 ( )

新 新 新 新 / 新 新 新 新

( ) 신 | 새 ( ) | ( ) 신 | 새 ( )

총 13획 丶 亠 亠 亠 立 立 辛 辛 亲 亲 新 新 新

서 있는 나무를 가까이서 바라보는 한자는?

친할 ( )

親 親 親 親 / 親 親 親 親

( ) 친 | 친할 ( ) | ( ) 친 | 친할 ( )

총 16획 丶 亠 亠 亠 立 立 辛 辛 亲 亲 新 新 新 親 親 親

한자 어휘 한자의 음을 쓰세요.

1. 새잎의 푸른빛 新綠 (록)
2. 가까운 촌수의 일가 親族 (족)
3. 새로운 소식 新聞 (문)
4. 직접 쓴 편지 親書 ( )
5. 새로운 방식 新式 (식)
6. 어머니 母親 ( )

예습! 6급 한자 綠(푸를 록) 族(겨레 족) 聞(들을 문) 式(법 식) 복습! 한자 書(글 서) 母(어미 모)

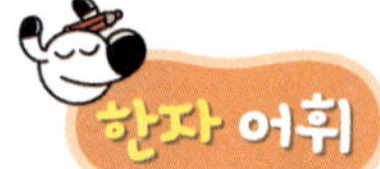

어휘 활용 문장을 소리 내어 읽고 한자의 음을 쓰세요.

① 5월은 **新綠**이 아름다운 계절이에요. | ⬜록

② 이곳은 **親族**끼리 모여 사는 마을입니다. | ⬜족

③ [국어 3] 어린이 **新聞**에서 《별자리 이야기》라는 책을 소개하는 글을 봤어요. | ⬜문

④ 왕은 **長軍**에게 **親書**를 보내 중요한 일을 의논했습니다. | ⬜, ⬜
• 長(긴/어른 장) 軍(군사 군)

⑤ 개화기에 서양에서 **新式** 무기가 들어왔습니다. | ⬜식

⑥ 그러면 너는 네 **母親**께 어디 간다는 말도 없이 떠나 왔단 말이냐? | ⬜

다음 밑줄 친 단어의 한자를 〈보기〉에서 고르세요.

〈보기〉　① 新綠　② 新聞　③ 親書　④ 母親　⑤ 親族

1. 아버지께서는 아침에 가장 먼저 신문을 읽으십니다. ________
2. 5월에는 신록이 우거집니다. ________
3. 우리는 친족 같은 혈연의 정을 느낍니다. ________
4. 이 친구의 모친은 제 어머니와 마찬가지입니다. ________

정답 ① 신록 ② 친족 ③ 신문 ④ 장군, 친서 ⑤ 신식 ⑥ 모친 | 1. ② 2. ① 3. ⑤ 4. ④

05 나무 묶고 달리는 **빠를 速**, 도끼 들고 달리는 **가까울 近**

빠를 **속**

가까울 **근**

'빠를 속'은 나무를 묶어(束) 싣고
큰길을 빠르게 달리는(辶) 모습이에요.

'가까울 근'은 도끼를 들고(斤) 큰길을 달려(辶)
가까운 곳에 가는 모습이에요.
도끼가 무거워서 가까운 곳만 갈 수 있어요.

풀이말 풀이말을 큰 소리로 읽으며 획을 따라 쓰세요.

따라 써 봐!

도움말 速(빠를 속)에서 束(묶을 속)은 나뭇가지 아래를 묶는 모습이에요. 辶(큰길 달릴 착)은 한 발 두 발 내딛어 큰길을 달리는 모습을 나타내요.

유의어 速(빠를 속) ― 急(급할 급)

물방울 한자 물방울 ◯ 에 가려진 한자를 필순에 맞게 쓰고, 빈칸에 훈과 음을 쓰세요.

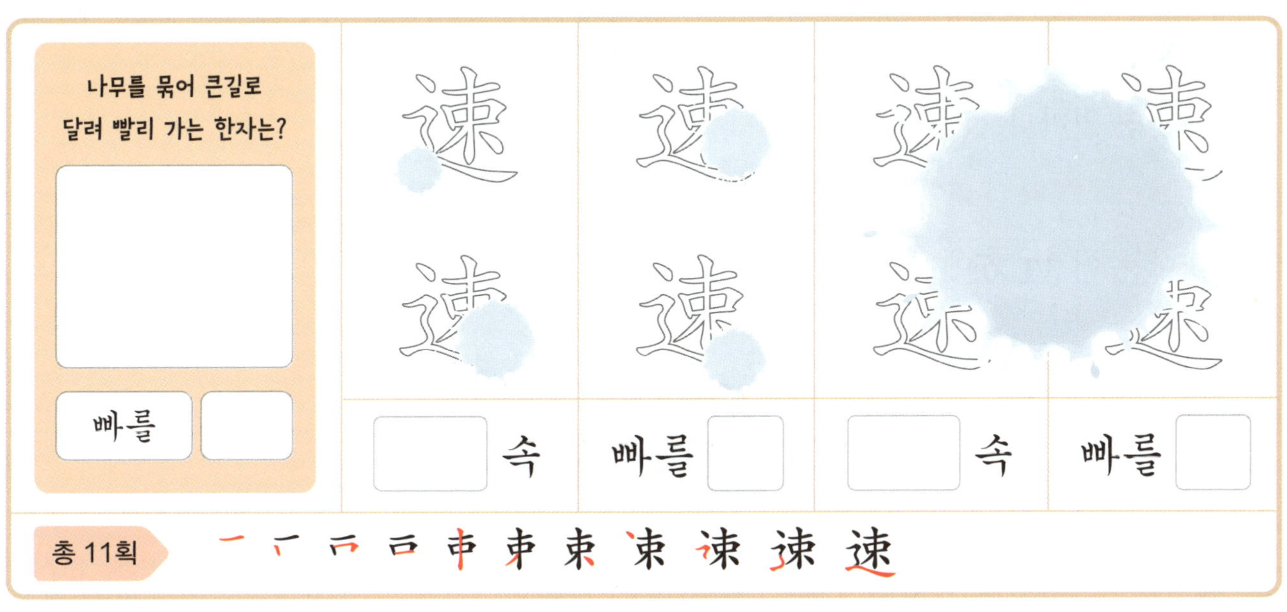

나무를 묶어 큰길로 달려 빨리 가는 한자는?

빠를 ◯

☐ 속   빠를 ☐   ☐ 속   빠를 ☐

총 11획 ： 一 ㄱ 一 一 東 束 束 束 涑 涑 速

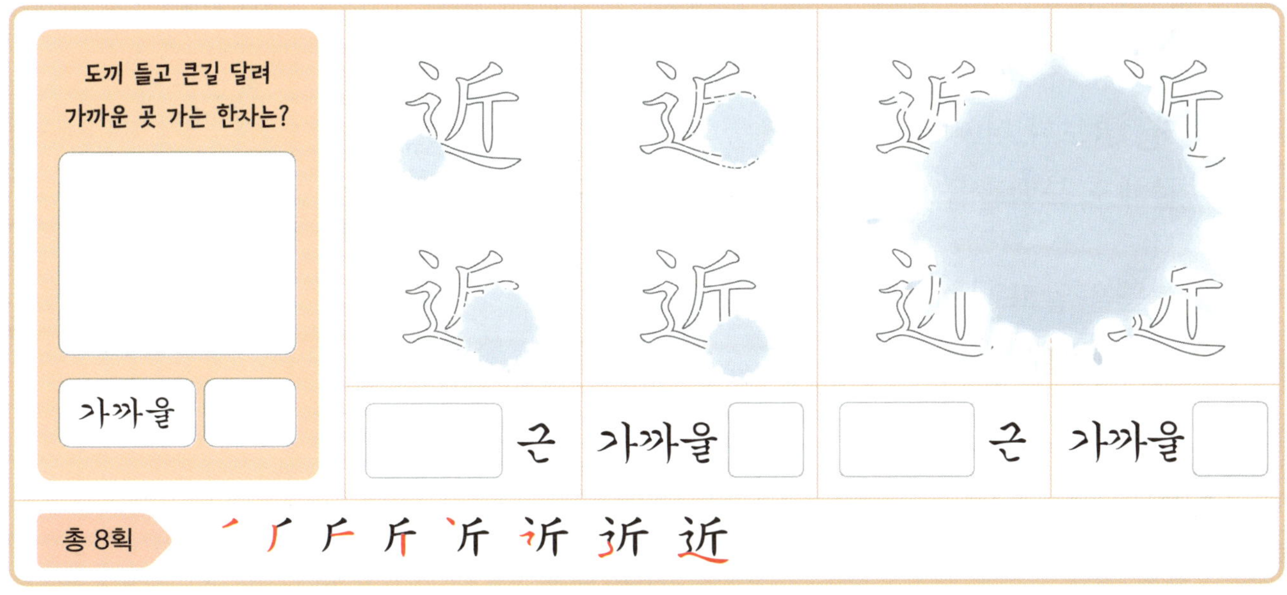

도끼 들고 큰길 달려 가까운 곳 가는 한자는?

가까울 ◯

☐ 근   가까울 ☐   ☐ 근   가까울 ☐

총 8획 ： ′ ㄏ ㄏ ㄎ 斤 斤 近 近 近

한자 어휘 한자의 음을 쓰세요.

❶ 빨리 움직이는 힘 **速力** ☐

❷ 가까운 곳 **近方** ☐

❸ 시간당 빠르기 **時速** ☐

❹ 가까운 시대 **近代** ☐대

❺ 빛의 속도 **光速** 광☐

❻ 친하여 가까운 사이 **親近** ☐

예습! 6급 한자 代(대신할 대) 光(빛 광)   복습! 한자 力(힘 력) 方(모 방) 時(때 시) 親(친할 친)

 **어휘 활용** 문장을 소리 내어 읽고 한자의 음을 쓰세요.

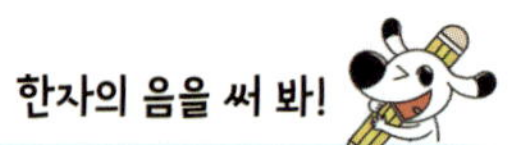

❶ 우리가 탄 자동차의 **速力**은
과연 얼마나 될까요?

❷ 나는 이 **近方**에서 오랫동안 살았습니다.

❸ 여기까지 **時速** 100km로
달려왔습니다.

❹ 바흐는 서양 **近代** 음악의 아버지로
불립니다.

대

❺ **光速**보다 더 빠른 속도로 운동하는
물체도 블랙홀을 빠져나갈 수는 없습니다.

광

❻ 이름을 알고 나서 꽃을 보면 더 정답고
親近하게 느껴져요.

다음 밑줄 친 단어의 한자를 〈보기〉에서 고르세요.

〈보기〉　① 時速　② 光速　③ 近方　④ 親近　⑤ 近代

1. 우리 차는 시속 60km로 달리고 있습니다. ________

2. 역사 시간에 근대 사상사를 배웠습니다. ________

3. 아주머니는 이 근방에서 유명한 사람입니다. ________

4. 광속보다 더 빠른 비행기는 없습니다. ________

정답 ❶ 속력 ❷ 근방 ❸ 시속 ❹ 근대 ❺ 광속 ❻ 친근 | 1. ① 2. ⑤ 3. ③ 4. ②

 빈칸에 알맞은 한자와 훈음을 쓰세요.

本

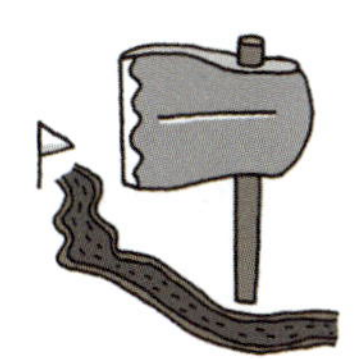

近

油

樹

말미암을 유

朴

빠를 속

새 朴

新

果

親

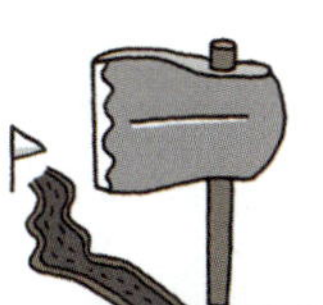

由

速

가까울 근

나무 수

새 신

〈보기〉 本 朴 果 樹 由 油 新 親 速 近

1. 어린이 ☐ 문에서 《별자리 이야기》라는 책을 소개하는 글을 봤어요.

2. 석 ☐ 를 대체할 생물 연료를 개발하기도 합니다.

3. 여기까지 시 ☐ 100km로 달려왔습니다.

4. ☐ 목이 울창한 숲에서 길을 잃었습니다.

5. 남극의 과학 기지에도 국제연합 ☐ 부에도 언제나 국기가 함께해요.

6. 동물원에서 살아가는 동물은 ☐ 연 행복할까요?

7. 이 마을 사람들은 ☐ 족끼리 모여 삽니다.

8. 이 로봇은 바닷속에서 자 ☐ 롭게 움직입니다.

9. 바흐는 서양 ☐ 대 음악의 아버지로 불립니다.

10. ☐ 씨는 꿈꾸듯 혼자 중얼거렸어요.

※ 6급 시험에 다뤄지는 8·7급 한자도 포함되어 있습니다.

[1~10] 다음 한자어의 음(音: 소리)을 쓰세요.

<보기> 漢字 → 한자

1. **樹木**이 울창한 숲에서 쉬었어요.

____

2. 한마을에 **親族**^족끼리 모여 삽니다.

____

3. 최근 **石油** 가격이 많이 올랐어요.

____

4. 5월은 **新綠**^록의 계절입니다.

____

5. **果然** 우리가 우승할 수 있을까요?

____

6. 버스가 **時速** 60km로 달립니다.

____

7. 이곳의 지명은 **由來**를 알 수 없어요.

____

8. 태풍으로 **果樹**들이 쓰러졌습니다.

____

9. 삼촌은 육군 **本部**^부에 근무합니다.

____

10. 역사 시간에 **近代**^대에 관해 배웠어요.

____

[11~14] 다음 한자의 훈(訓: 뜻)과 음(音: 소리)을 쓰세요.

<보기> 字 → 글자 자

11. 樹 _______

12. 親 _______

13. 速 _______

14. 近 _______

[15~16] 다음 한자와 뜻이 반대 또는 상대되는 한자를 골라 ☐ 안에 그 번호를 쓰세요.

15. 弟: ① 音 ② 兄 ③ 父 ④ 急 ☐

16. 新: ① 作 ② 道 ③ 古 ④ 後 ☐

[17~18] 다음 한자와 뜻이 같거나 비슷한 한자를 골라 ☐ 안에 그 번호를 쓰세요.

17. 速 : ① 急　② 手　③ 近　④ 軍 ☐

18. 本 : ① 庭　② 中　③ 根　④ 下 ☐

[19~20] 다음 한자와 소리(音)는 같으나 뜻(訓)이 다른 한자를 골라 ☐ 안에 그 번호를 쓰세요.

19. 近 : ① 根　② 果　③ 身　④ 林 ☐

20. 新 : ① 世　② 樹　③ 信　④ 先 ☐

[21~22] 다음 ☐ 안에 알맞은 한자를 〈보기〉에서 찾아 그 번호를 쓰세요.

〈보기〉
① 本　② 朴　③ 果　④ 樹
⑤ 由　⑥ 油　⑦ 新　⑧ 親

21. 父子有 ☐ : 아버지와 아들 사이의
도리는 친함에 있음

22. 同姓同 ☐ : 성(姓)과 맨 처음 조상
이 난 곳이 모두 같음

[23~24] 다음 뜻에 맞는 한자어를 〈보기〉에서 찾아 ☐ 안에 그 번호를 쓰세요.

〈보기〉
① 淸明　② 夜光
③ 明白　④ 晝夜

23. 낮과 밤 ☐

24. (날씨가) 맑고 밝음 ☐

[25~28] 다음 밑줄 친 한자어의 한자를 쓰세요.

〈보기〉　국어 → 國語

25. 무엇보다 가족이 소중합니다.

____

26. 사방으로 길이 뚫렸습니다.

____

27. 왕의 수족이 되어 열심히 일했어요.

____

28. 실내 공기가 탁하니 창문을 여세요.

____

[29~30] 다음 한자에서 짙게 표시한 획은 몇 번째 쓰는 획인지 〈보기〉에서 찾아 ☐ 안에 그 번호를 쓰세요.

〈보기〉
⑥ 여섯 번째　　⑦ 일곱 번째
⑧ 여덟 번째　　⑨ 아홉 번째
⑩ 열 번째　　⑪ 열한 번째

29. 果 ☐　　30. 新 ☐

07 아이가 좋아하는 과일 오얏 李, 해가 내리쬐는 볕 陽

오얏 리

'오얏 리'는 나무에 달린(木), 아이들이(子)
좋아하는 새콤달콤한 과일 오얏을
뜻하는 글자예요.

볕 양

'볕 양'은 언덕에(阝) 해가 떠올라(旦)
볕이 내리쬐는(勿) 모양을 나타내요.

 **풀이말** 풀이말을 큰 소리로 읽으며 획을 따라 쓰세요.

따라 써 봐!

풀이말

풀이말

도움말 李(오얏 리)에서 '오얏'은 자두를 가리키는 옛말이에요. 李(오얏 리)는 '성씨 리'라는 훈음도 있어요.

陽(볕 양)의 일부인 阝(좌부변/우부방)은 모양은 같지만 글자 왼쪽에 있으면 언덕 부(阜), 오른쪽에 있으면 고을 읍(邑)이라는 다른 한
자예요.

물방울 에 가려진 한자를 필순에 맞게 쓰고, 빈칸에 훈과 음을 쓰세요.

아이들이 좋아하는 과일 오얏을 가리키는 한자는?				
	李	李	李	李
	李	李	李	李
오얏	☐ 리	오얏 ☐	☐ 리	오얏 ☐

총 7획 ▶ 一 十 十 木 杢 李 李

언덕에 해가 떠올라 볕이 내리쬐는 한자는?				
	陽	陽	陽	陽
	陽	陽	陽	陽
볕	☐ 양	볕 ☐	☐ 양	볕 ☐

총 12획 ▶ 陽 陽 陽 陽 陽 陽 陽 陽 陽 陽 陽 陽

 한자의 음을 쓰세요.

❶ 한국 성씨 중 하나 **李氏** 　씨

❷ 햇볕이 드는 땅 **陽地**

❸ 이씨 성의 대리 **李 代理** 　대리

❹ 볕의 기운 **陽氣**

❺ 이씨 성의 회장 **李 會長** 　회

❻ 저녁때의 햇볕 **夕陽**

예습! 6급 한자　氏(성씨 씨) 代(대신할 대) 理(다스릴 리) 會(모일 회)　　복습! 한자　地(땅 지) 氣(기운 기) 長(긴/어른 장) 夕(저녁 석)

 **어휘 활용** 문장을 소리 내어 읽고 한자의 음을 쓰세요.

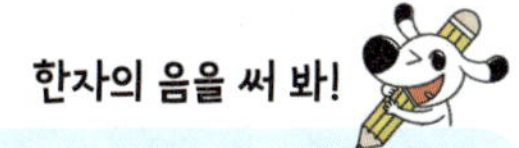

1 李氏는 스스로 증인이 되겠다고
나섰습니다.

| 씨 |

2 형과 나는 죽은 강아지를
陽地바른 곳에 묻었어요.

| |

3 李 代理는 날마다 밤늦게까지
남아서 일합니다.

| 대리 |

4 밭과 논의 곡식이 따뜻한 陽氣를
받아 알알이 영글어 갑니다.

| |

5 李 會長은 방북 기간 중 북한의
주요 공업 시설을 둘러볼 예정입니다.

| 회 |

6 우리 가족은 夕陽을 바라보며
동네를 거닐었습니다.

다음 밑줄 친 단어의 한자를 〈보기〉에서 고르세요.

〈보기〉 ① 李 代理 ② 陽地 ③ 陽氣 ④ 夕陽 ⑤ 李 會長

1. 양지에는 벌써 눈이 다 녹았습니다. ________

2. 마당에 핀 꽃이 석양에 더욱 붉게 보입니다. ________

3. 여름은 만물이 자라고 양기가 강한 계절입니다. ________

4. 이 대리가 이번 워크숍 일정을 짰습니다. ________

08 군주가 다스리는 고을 郡, 서서 입 벌리고 모인 떼 部

고을 군

떼 부

'고을 군'은 군주가 손에 막대 쥐고
입 벌려 다스리는(君) 고을을(阝) 가리켜요.

'떼 부'는 서서 입을 벌리고(咅)
떼 지어 고을에 모여 있는(阝) 모습이에요.

풀이말을 큰 소리로 읽으며 획을 따라 쓰세요.

따라 써 봐!

ㄱ ㄱ ㅋ 尹 尹 君 君

군주가 다스리는	고을을 가리키는	고을 군	고을 □

서서 입 벌리고	떼 지어 고을에 모인	떼 부	떼 □

 郡(고을 군)에서 君(임금 군)은 손에 막대 쥐고(尹) 입으로 명령하는(口) 임금이에요. 部(떼 부)에서 咅는 서서(立) 입 벌리고
말하는(口) 사람 여럿을 나타내요.

 郡(고을 군) ― 邑(고을 읍)

34

물방울 **한자**   물방울 ◌ 에 가려진 한자를 필순에 맞게 쓰고, 빈칸에 훈과 음을 쓰세요.

군주가 다스리는 고을을 가리키는 한자는?

고을 □

총 10획   ㄱ ㄱ ㄱ ㄹ ㄹ 君 君 君 君ʾ 君ʳ 郡

□ 군   고을 □   □ 군   고을 □

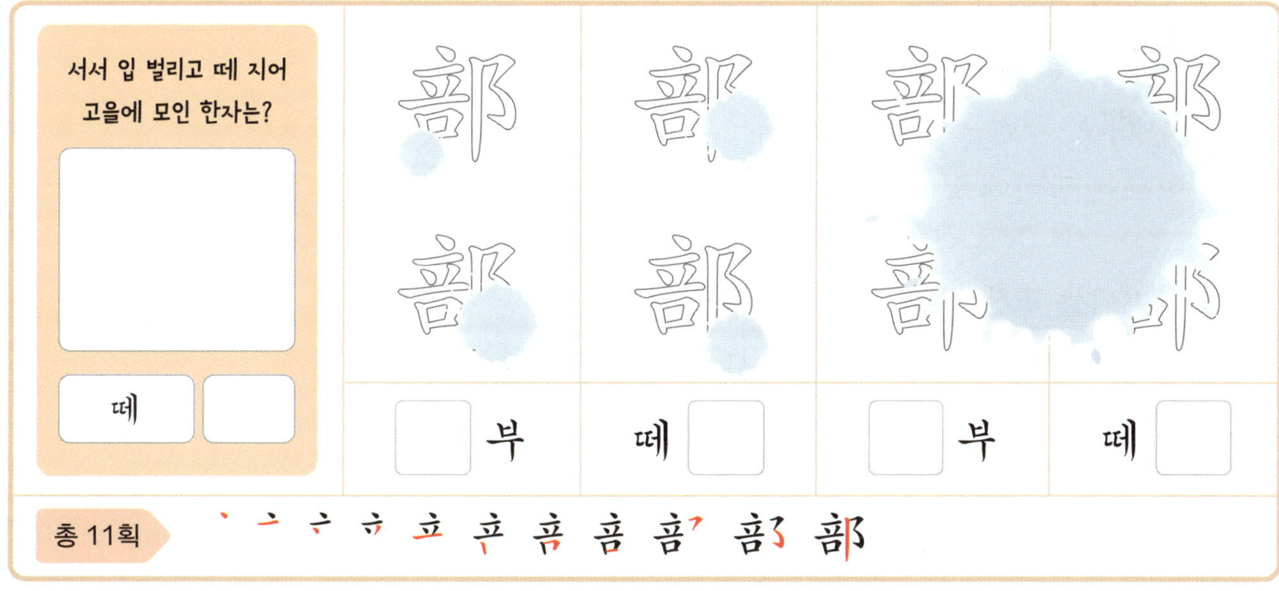

서서 입 벌리고 떼 지어 고을에 모인 한자는?

떼 □

총 11획   丶 二 宀 亠 立 立 咅 咅 咅ʾ 咅ʳ 部

□ 부   떼 □   □ 부   떼 □

한자 어휘   한자의 음을 쓰세요.

1 군에 사는 백성 **郡民**

2 부서의 아랫사람 **部下**

3 군과 읍 **郡邑**

4 전체를 나눈 **部分**   분

5 시와 군 **市郡**

6 부분이 아닌 모두 **全部**

예습! 6급 한자 分(나눌 분)   복습! 한자 民(백성 민) 下(아래 하) 邑(고을 읍) 市(저자 시) 全(온전 전)

한자의 음을 써 봐!

1 학교 운동장을 빌려 **郡民** 체육대회를
열었습니다.

2 이순신 장군은 **部下**들을 거느리고
전투에 앞장섰습니다.
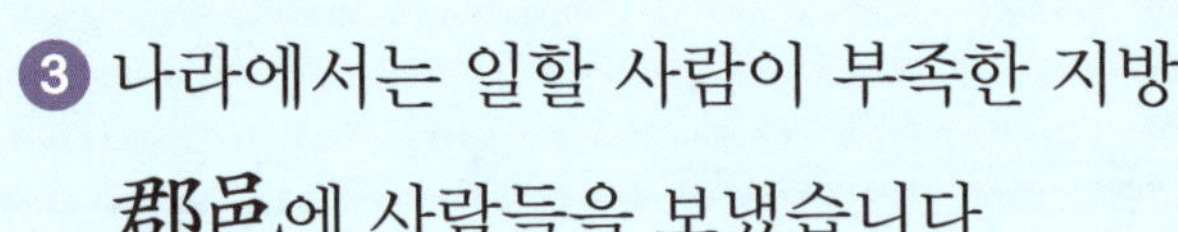

3 나라에서는 일할 사람이 부족한 지방
郡邑에 사람들을 보냈습니다.

과학 4
4 가위의 플라스틱 **部分**은 자석에
붙지 않습니다.

분

5 **市郡**은 행정구역인 '시'와 '군'을
이르는 말이에요.

6 할머니는 평생 모은 재산 **全部**를
대학에 장학금으로 내놓았습니다.

다음 밑줄 친 단어의 한자를 <보기>에서 고르세요.

<보기>　①部下　②郡邑　③部分　④全部　⑤郡民

1. 부분이 모여서 전체가 됩니다. __________

2. 그 사람의 말과 행동은 전부 거짓이었습니다. __________

3. 지방 군읍까지 만세 소리가 울려 퍼졌습니다. __________

4. 군민들의 기세가 보통이 아니었습니다. __________

정답 **1** 군민 **2** 부하 **3** 군읍 **4** 부분 **5** 시군 **6** 전부 ｜ 1.③ 2.④ 3.② 4.⑤

나뭇가지 잘라 만드는 재주 才, 나뭇가지에 흙이 있을 在

재주 재

있을 재

'재주 재'는 나뭇가지를(十) 비껴 자르는(丿) 모습이에요. 물건을 잘 만들거나 일을 잘해 내는 재주를 가리켜요.

'있을 재'는 자른 나뭇가지를(𠂇) 땅에 내리박고(丨) 흙이 있는(土) 모습을 그렸어요.

풀이말 풀이말을 큰 소리로 읽으며 획을 따라 쓰세요.

따라 써 봐!

才	才		才
나뭇가지를	비껴 잘라 물건 만드는	재주 재	재주 ☐

풀이말

在	在	在		在
자른 나뭇가지를	땅에 박고	흙이 있는	있을 재	있을 ☐

풀이말

도움말 才(재주 재)와 在(있을 재)에서 丿(삐칠 별)은 나뭇가지를 자르는 모습을 나타내요.

유의어 才(재주 재) — 術(재주 술), 在(있을 재) — 有(있을 유)

 **물방울 한자** 물방울 ⬤ 에 가려진 한자를 필순에 맞게 쓰고, 빈칸에 훈과 음을 쓰세요.

나뭇가지 비껴 잘라 물건 만드는 한자는? 재주	才 才	才 才	才 才	才 才
	☐ 재	재주 ☐	☐ 재	재주 ☐

총 3획 ➤ 一 十 才

나뭇가지를 땅에 박고 흙이 있는 한자는? 있을	在 在	在 在	在 在	在 在
	☐ 재	있을 ☐	☐ 재	있을 ☐

총 6획 ➤ 一 ナ ナ 右 右 在

 **한자 어휘** 한자의 음을 쓰세요.

❶ 재주가 뛰어난 사람 **人才** ☐☐   ❷ 초야에 파묻혀 있는 **在野** ☐ 야

❸ 하늘이 내린 재주 **天才** ☐☐   ❹ 어떤 곳에 있음 **所在** ☐☐

❺ 재주와 예쁜 생김새 **才色** ☐☐   ❻ 그곳에 없는 사람 **不在者** ☐☐☐

예습! 6급 한자 野(들 야)   **복습! 한자** 人(사람 인) 天(하늘 천) 所(바 소) 色(빛 색) 不(아닐 불) 者(놈 자)

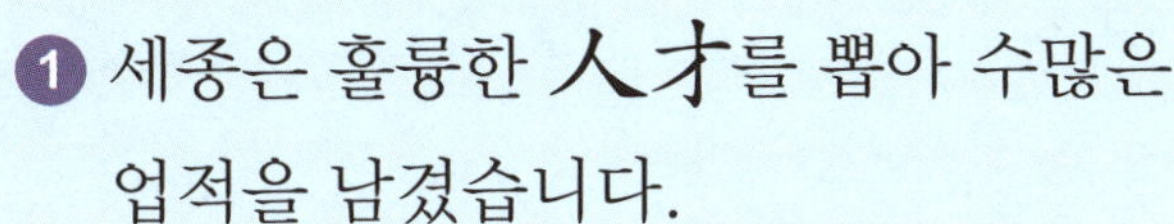

한자의 음을 써 봐!

1 세종은 훌륭한 **人才**를 뽑아 수많은
업적을 남겼습니다.

2 삼촌은 **在野**에 묻힌 학자였습니다.

야

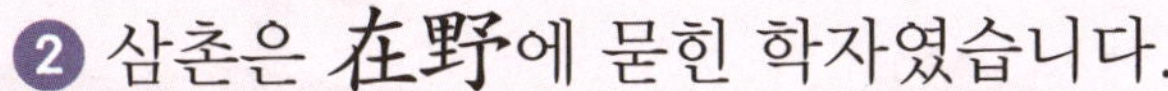

3 형은 어려운 수학 문제도
척척 푸는 **天才**예요.

4 이 표를 보면 마을에 **所在**한 유적지
현황을 알 수 있습니다.

5 춘향이는 **才色**을 두루 갖춘
처녀였습니다.

6 '국외 **不在者**' 신고를 하면 해외에서도
투표할 수 있습니다.

도전!
6급
시험

다음 밑줄 친 단어의 한자를 〈보기〉에서 고르세요.

〈보기〉　　① 人才　② 才色　③ 在野　④ 所在　⑤ 天才

1. <u>천재</u>란 99%의 땀과 노력으로 이루어집니다. ________

2. 대통령은 청와대로 <u>재야</u>인사들을 초청했습니다. ________

3. 경찰이 범인의 <u>소재</u>를 찾고 있습니다. ________

4. 국가에서는 <u>인재</u>를 찾아내려고 노력합니다. ________

10 벼를 칼로 베는 이할 利, 벼를 거두어 먹으니 화할 和

이할 리

화할 화

'이할 리'는 벼 이삭을(禾) 칼로 베는(刂) 모습이에요.
'이하다'는 이롭다는 뜻이에요.
벼 이삭을 잘라 곡식을 얻으니 아주 이로워요.

'화할 화'는 벼를 거두어(禾)
입에 넣어 먹는(口) 모습이에요.
밥을 나누어 먹는 모습이 참 화목해요.

 풀이말

풀이말을 큰 소리로 읽으며 획을 따라 쓰세요.

따라 써 봐!

利	利		利
벼를	칼로 베어 거두니	이할 리	이할

和	和		和
벼를 거두어	입으로 먹어 화목한	화할 화	화할

도움말 利(이할 리)에서 刂(칼 도 방)은 刀(칼 도)의 줄임꼴이에요. 刀(칼 도)는 칼등과 칼날을 그린 글자예요. 和(화할 화)에서 禾(벼 화)는 이삭 달린 벼의 모습이에요.

유의어 和(화할 화) ― 平(평평할 평)

물방울 한자 물방울 ◯ 에 가려진 한자를 필순에 맞게 쓰고, 빈칸에 훈과 음을 쓰세요.

벼 이삭을 칼로 베어 거두는 한자는?

이할 □

□ 리   이할 □   □ 리   이할 □

총 7획 ⟩ ㇒ ㇐ 千 千 禾 利 利

벼를 거두어 입으로 먹어 화목한 한자는?

화할 □

□ 화   화할 □   □ 화   화할 □

총 8획 ⟩ ㇒ ㇐ 千 千 禾 禾 和 和

한자 어휘 한자의 음을 쓰세요.

❶ 이롭게 쓰는 **利用**　　용

❷ 화목하게 모이는 **和合**　　합

❸ 편하고 이로운 **便利**

❹ 평온하고 화목한 **平和**

❺ 이로움이 있는 **有利**

❻ 따뜻하고 부드러운 **溫和**　　온

예습! 6급 한자　用(쓸 용) 合(합할 합) 溫(따뜻할 온)　　복습! 한자　便(편할 편) 平(평평할 평) 有(있을 유)

 문장을 소리 내어 읽고 한자의 음을 쓰세요.

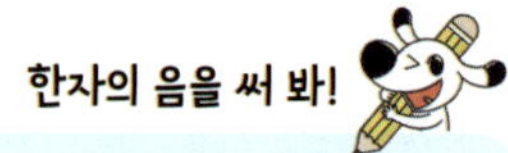

과학 3
1 흡착판은 문어 빨판의 특징을 **利用**해 만든 것입니다.　　용

2 올림픽은 전 세계 사람들이 **和合**하는 축제입니다.　　합

3 마을 방송은 한 번에 많은 소식을 알릴 수 있어 **便利**합니다.

국어 3
4 우리나라 사람들의 **平和**를 사랑하는 마음은 태극기의 흰색에 담겨 있어요.

5 낙타의 생김새와 특징이 사막에서 살기에 **有利**한 까닭을 써 봅시다.

6 사월은 날씨가 꽤 **溫和**하지요.　　온

다음 밑줄 친 단어의 한자를 〈보기〉에서 고르세요.

〈보기〉　① 便利　② 有利　③ 利用　④ 溫和　⑤ 平和

1. 이 동네는 지하철이 있어 교통이 편리합니다. ________
2. 가정의 평화는 행복의 시작입니다. ________
3. 우리는 유리한 위치에서 적과 싸웠습니다. ________
4. 난류는 기후를 온화하게 합니다. ________

 정답 **1** 이용 **2** 화합 **3** 편리 **4** 평화 **5** 유리 **6** 온화 | 1. ① 2. ⑤ 3. ② 4. ④

벼를 말에 담아 가르는 과목 科, 낱알이 붙어 난 벼 쌀 米

과목 과

쌀 미

'과목 과'는 벼를 거두어(禾) 알곡을 말에 담아 종류별로 가르는(斗) 모양이에요.

'쌀 미'는 낱알이(`` ′) 벼에(十) 다닥다닥 붙어 난(八) 모양이에요.

풀이말을 큰 소리로 읽으며 획을 따라 쓰세요.

따라 써 봐!

벼를 거두어	알곡을 말에 담아 가르는	과목 과	과목
낱알이	벼에	다닥다닥 붙어 난	쌀 미	쌀

도움말 科(과목 과)에서 斗(말 두)는 곡식을 담아 양을 재는 그릇인 '말'을 나타내요.

 **물방울 한자** 물방울 ● 에 가려진 한자를 필순에 맞게 쓰고, 빈칸에 훈과 음을 쓰세요.

벼 알곡을 말에 담아 가르는 한자는?

科

과목

科	科	科	科
科	科	科	科
☐ 과	과목 ☐	☐ 과	과목 ☐

총 9획 ` ´ ニ 千 千 禾 禾 禾 科 科

낟알이 벼에 다닥다닥 붙은 모양의 한자는?

米

쌀

米	米	米	米
米	米	米	米
☐ 미	쌀 ☐	☐ 미	쌀 ☐

총 6획 ` ` ` ㅛ 半 米 米

 **한자 어휘** 한자의 음을 쓰세요.

❶ 학문을 갈라 나눈 **科目** ☐

❷ 쌀을 걸쭉하게 끓인 **米飮** ☐

❸ 과학을 연구하는 **科學者** ☐

❹ 쌀의 빛깔 **米色** ☐

❺ 공업을 전공하는 학과 **工科** ☐

❻ 흰쌀 **白米** ☐

복습! 한자 目(눈 목) 飮(마실 음) 學(배울 학) 者(놈 자) 色(빛 색) 工(장인 공) 白(흰 백)

 **어휘 활용** 문장을 소리 내어 읽고 한자의 음을 쓰세요.

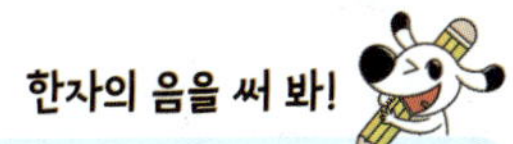

수학 3
1 수학은 여러 가지 약속들로 만들어진
科目이에요.

2 어머니께서 **米飮**을 끓여 주셨습니다.

국어 4
3 소영이가 정말로 환경 오염을 해결하는
科學者가 되면 좋겠어요.

4 선생님은 흰색 와이셔츠에 연한 **米色**의
재킷을 입고 있었습니다.

5 누나는 **工科** 대학에서 기계를
연구합니다.

6 정부에서는 **白米** 오천 석을 사람들에게
나눠 주었습니다.

다음 밑줄 친 단어의 한자를 〈보기〉에서 고르세요.

〈보기〉 ① 科目   ② 工科   ③ 米飮   ④ 米色   ⑤ 白米

1. 과목에 따라 성적 차이가 많았습니다. ________

2. 형은 공과 대학에 다닙니다. ________

3. "미음이라도 먹고 힘을 내야지……." ________

4. 백미보다 현미에 영양이 더 많습니다. ________

12 07~11과 복습하기

 빈칸에 알맞은 한자와 훈음을 쓰세요.

 郡	米	李	科	在
	쌀 미			
	 才	 陽	 和	 利
때 부				
 米	米		 部	
괴목 과		이할 리		볕 양

 빈칸에 알맞은 한자를 <보기>에서 찾아 쓰세요.

<보기> 李 陽 郡 部 才 在 利 和 科 米

① 마을 방송은 한 번에 많은 소식을 알릴 수 있어 편◻합니다.

② 우리나라 사람들의 평◻를 사랑하는 마음은 태극기의 흰색에 담겨 있어요.

③ 소영이가 정말로 환경 오염을 해결하는 ◻학자가 되면 좋겠어요.

④ 우리 형은 어려운 수학 문제도 척척 풀어서 천◻로 불려요.

⑤ 가위의 플라스틱 ◻분은 자석에 붙지 않습니다.

⑥ 우리 가족은 석◻을 바라보며 동네를 거닐었어요.

⑦ 어머니가 ◻음을 끓여 주셨습니다.

⑧ 지방 ◻읍에는 인구가 적어서 일할 사람이 부족합니다.

⑨ 대통령은 청와대로 ◻야인사들을 초청했습니다.

⑩ ◻ 회장은 북한의 주요 공업 시설을 둘러볼 예정입니다.

6급 급수 시험 예상 문제

맞힌 개수 / 30 개

[1~10] 다음 한자어의 음(音: 소리)을 쓰세요.

<보기>　漢字 → 한자

1. 제가 좋아하는 **科目**은 국어입니다.

2. 지하철이 있어 교통이 **便利**합니다.

3. **部分**^분이 모여서 전체가 됩니다.

4. 모두가 **平和**롭게 살면 좋겠어요.

5. 꽃이 **夕陽**에 비쳐 붉게 보입니다.

6. **天才**는 땀과 노력으로 이루어져요.

7. 그는 **在野**^야 학자로 알려져 있습니다.

8. 지방 **郡邑**까지 만세 소리가 퍼졌습니다.

9. "**米飮**이라도 먹고 힘을 내야지……."

10. 소년의 말은 **全部** 거짓이었어요.

[11~14] 다음 한자의 훈(訓: 뜻)과 음(音: 소리)을 쓰세요.

<보기>　字 → 글자 자

11. 郡

12. 利

13. 部

14. 科

[15~16] 다음 한자와 뜻이 반대 또는 상대되는 한자를 골라 ☐ 안에 그 번호를 쓰세요.

15. 左: ① 白　② 木　③ 由　④ 右　☐

16. 地: ① 利　② 天　③ 才　④ 朴　☐

[17~18] 다음 한자와 뜻이 같거나 비슷한 한자를
골라 ☐ 안에 그 번호를 쓰세요.

17. 才 : ① 根 ② 術 ③ 速 ④ 信　☐

18. 在 : ① 色 ② 由 ③ 米 ④ 有　☐

[19~20] 다음 한자와 소리(音)는 같으나 뜻(訓)이
다른 한자를 골라 ☐ 안에 그 번호를 쓰세요.

19. 部 : ① 油 ② 夫 ③ 章 ④ 使　☐

20. 和 : ① 下 ② 畫 ③ 兄 ④ 休　☐

[21~22] 다음 ☐ 안에 알맞은 한자를 〈보기〉에
서 찾아 그 번호를 쓰세요.

〈보기〉
① 李　② 陽　③ 郡　④ 部
⑤ 才　⑥ 在　⑦ 利　⑧ 和

21. 自由自 ☐ : 거침없이 자기 마음대
로 할 수 있음

22. 中 ☐ 地方 : 어떤 지역의 가운데 자
리한 지방

[23~24] 다음 뜻에 맞는 한자어를 〈보기〉에서
찾아 ☐ 안에 그 번호를 쓰세요.

〈보기〉
① 陽地　② 工科
③ 有利　④ 陽氣

23. 볕이 드는 땅　☐

24. 이익이 있음　☐

[25~28] 다음 밑줄 친 한자어의 한자를 쓰세요.

〈보기〉　국어 → 國語

25. 식물의 성장에는 햇빛이 필요해요.

　　　———————

26. 드디어 읍내에 큰 병원이 생겼어요.

　　　———————

27. 수학은 내가 좋아하는 과목입니다.

　　　———————

28. 무궁화 삼천리 화려 강산

　　　———————

[29~30] 다음 한자에서 짙게 표시한 획은 몇 번
째 쓰는 획인지 〈보기〉에서 찾아 ☐ 안에 그 번호
를 쓰세요.

〈보기〉
⑦ 일곱 번째　　⑧ 여덟 번째
⑨ 아홉 번째　　⑩ 열 번째
⑪ 열한 번째　　⑫ 열두 번째

29. 科 ☐　　30. 陽 ☐

13 마을에서 뛰노는 아이 童, 구슬 꿰어 마을을 다스릴 理

아이 동

다스릴 리

'아이 동'은 서서(立) 마을에서
뛰어노는(里) 아이를 가리켜요.

'다스릴 리'는 구슬을 꿰어(王)
마을을 관리하는(里) 모습이에요.

풀이말을 큰 소리로 읽으며 획을 따라 쓰세요.

따라 써 봐!

서서

마을에서
뛰어노는

아이 동

童

아이 ☐

구슬을 꿰어
관리하듯

마을을

다스릴 리

理

다스릴 ☐

도움말 童(아이 동)에서 里(마을 리)는 밭을 갈고(田) 흙을 일구며 살아가는(土) 시골 마을을 뜻해요. 理(다스릴 리)의 王(구슬옥 변)은
玉(구슬 옥)의 줄임꼴이에요.

반의어 童(아이 동) ↔ 老(늙을 로)

물방울 〇 에 가려진 한자를 필순에 맞게 쓰고, 빈칸에 훈과 음을 쓰세요.

서서 마을에서 노는 아이를 가리키는 한자는?

童

아이 〇

童童 | 〇 동 | 아이 〇 | 〇 동 | 아이 〇

총 12획 ` ｀ ｢ 立 立 产 音 音 音 音 童 童

구슬을 꿰어 마을을 다스리는 한자는?

理

다스릴 〇

理理 | 〇 리 | 다스릴 〇 | 〇 리 | 다스릴 〇

총 11획 ` 二 千 王 珏 珇 珇 珇 理 理 理

한자의 음을 쓰세요.

① 아이의 마음 **童心**

② 사물의 이치 **物理**

③ 아이를 위한 이야기 **童話**

④ 대신하여 처리하는 **代理** 대

⑤ 재주가 뛰어난 아이 **神童** 신

⑥ 이치에 맞는 길 **道理**

예습! 6급 한자 代(대신할 대) 神(귀신 신) 복습! 한자 心(마음 심) 物(물건 물) 話(말씀 화) 道(길 도)

한자의 음을 써 봐!

1 오랜만에 **童心**에 젖어 모두 즐거운 시간을 보냈습니다.

2 **物理**는 공부하기 어려운 과목입니다.

3 나는 만화책보다 **童話**책이 좋아요.

4 아버지는 술을 드시면 꼭 **代理**운전을 이용하십니다.

대

5 언니는 세 살 때 글을 읽어 **神童**으로 불렸어요.

신

국어 4
6 정약용은 사람이 바르게 사는 **道理**를 따지는 성리학을 주로 공부했어요.

다음 밑줄 친 단어의 한자를 〈보기〉에서 고르세요.

〈보기〉　① 童心　② 童話　③ 代理　④ 道理　⑤ 物理

1. 엄마가 읽어 주시는 동화를 들으며 잠들었습니다. ________

2. 부모님께 자식의 도리를 다하여야 합니다. ________

3. 동시에는 어린이들의 동심의 세계가 담겨 있습니다. ________

4. 삼촌이 아버지의 대리로 모임에 참석했습니다. ________

정답　**1** 동심　**2** 물리　**3** 동화　**4** 대리　**5** 신동　**6** 도리　│　1. ② 2. ④ 3. ① 4. ③

14 마을에 베처럼 펼쳐진 들 野, 밭 사이를 가르는 지경 界

들 야

지경 계

'들 야'는 마을에(里) 베처럼
넓게 펼쳐진(予) 들판의 모습이에요.

'지경 계'는 밭과 밭(田) 사이를(八)
갈라 나누는(川) 밭둑을 그려 지경을 나타내요.

풀이말 풀이말을 큰 소리로 읽으며 획을 따라 쓰세요.

따라 써 봐!

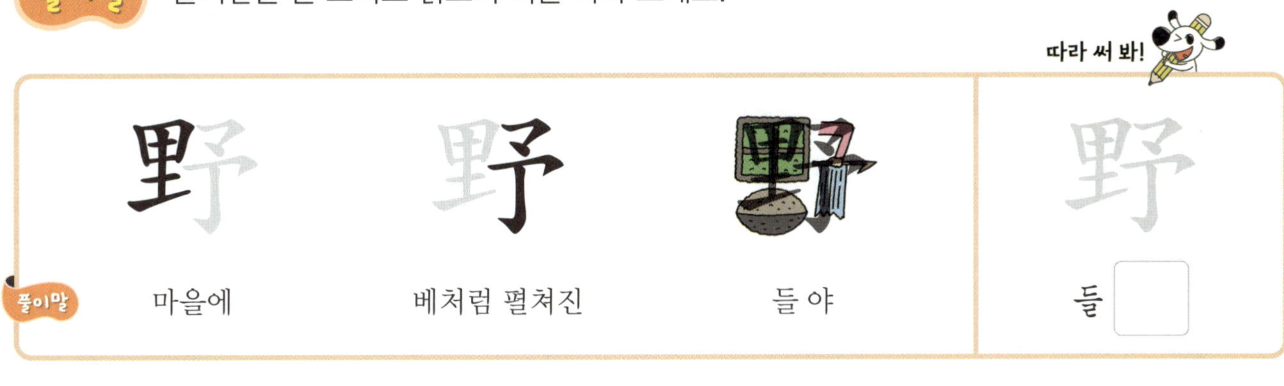

野	野	들 야	野
풀이말 마을에	베처럼 펼쳐진	들 야	들 ☐

界	界	界	지경 계	界
풀이말 밭	사이를	갈라 나누는	지경 계	지경 ☐

도움말 野(들 야)에서 予(나/줄 여)는 베틀의 북과 바디를 그려 베를 짜는 것을 나타내요. 북과 바디는 베를 짜는 기구예요.
界(지경 계)에서 지경(地境)은 지역과 지역을 가르는 경계를 뜻해요.

 **물방울 한자** 물방울 ◯ 에 가려진 한자를 필순에 맞게 쓰고, 빈칸에 훈과 음을 쓰세요.

마을에 베처럼 펼쳐진 넓은 들을 가리키는 한자는?

들 [ ]

野	野	野	野
[ ] 야	들 [ ]	[ ] 야	들 [ ]

총 11획 丨 冂 冂 日 旦 里 里 野 野 野 野

밭과 밭 사이를 갈라 나누는 한자는?

지경 [ ]

界	界	界	界
[ ] 계	지경 [ ]	[ ] 계	지경 [ ]

총 9획 丨 冂 冂 田 田 界 界 界 界

 **한자 어휘** 한자의 음을 쓰세요.

❶ 숲과 들 **林野** [임]

❷ 세상 여러 나라 **世界** [ ]

❸ 평평하고 너른 들 **平野** [ ]

❹ 학문의 세계 **學界** [ ]

❺ 바깥 들판 **野外** [ ]

❻ 지구 밖 세계 **外界** [ ]

복습! 한자 林(수풀 림) 世(인간 세) 平(평평할 평) 學(배울 학) 外(바깥 외)

문장을 소리 내어 읽고 한자의 음을 쓰세요.

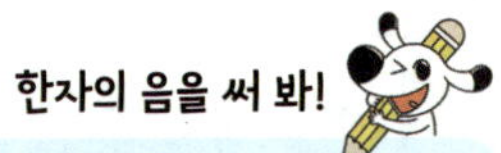

1 이 지역은 전체의 약 절반이 **林野**로 이루어져 있습니다.

임

국어 3
2 **世界** 음식 축제에서 멕시코 음식인 타코를 먹었어요.

3 물이 흘러넘칠 때 흙더미가 쌓여 **平野**가 됩니다.

4 박 교수님의 연구 결과는 **學界**의 주목을 받았습니다.

5 주말에는 온 가족이 **野外**로 나가요.

6 그 친구는 마치 **外界**에서 온 사람처럼 보입니다.

다음 밑줄 친 단어의 한자를 <보기>에서 고르세요.

<보기>　① 野外　② 平野　③ 世界　④ 外界　⑤ 林野

1. 조수미는 세계를 무대로 활동하는 성악가입니다. ________

2. 산불로 임야 10헥타르가 탔습니다. ________

3. 정말 외계인이 있을까요? ________

4. 넓은 평야에서 논농사를 짓습니다. ________

15 물이 푸르러 맑을 清, 실을 글씨 새기듯 물들여 푸를 綠

맑을 **청**

푸를 **록**

'맑을 청'은 물이(氵)
푸르러(靑) 맑은 것을 나타내요.

'푸를 록'은 실에(糸) 글씨 새기듯(彔)
초록으로 물들이는 모습이에요.

 풀이말을 큰 소리로 읽으며 획을 따라 쓰세요.

따라 써 봐!

풀이말	淸 물이	淸 푸르러	淸 맑을 청	淸 맑을 ☐

풀이말	綠 실에	綠 글씨 새기듯 물들여	綠 푸를 록	綠 푸를 ☐

도움말 淸(맑을 청)에서 靑(푸를 청)은 쪽풀을 우물에 담그면 푸른색 물이 우러나는 모습을 표현한 글자예요. 綠(푸를 록)에서 彔(새길 록)은 나무를 파서 올록볼록 글씨를 새기는 모습을 나타내요.

유의어 綠(푸를 록) ― 靑(푸를 청)

물방울 한자 물방울 🔵 에 가려진 한자를 필순에 맞게 쓰고, 빈칸에 훈과 음을 쓰세요.

물이 푸르러 맑은 한자는?

맑을 [ ]

| [ ] 청 | 맑을 [ ] | [ ] 청 | 맑을 [ ] |

총 11획 ﹅ ﹅ 氵 氵 氵 汼 淯 淯 淸 淸 淸

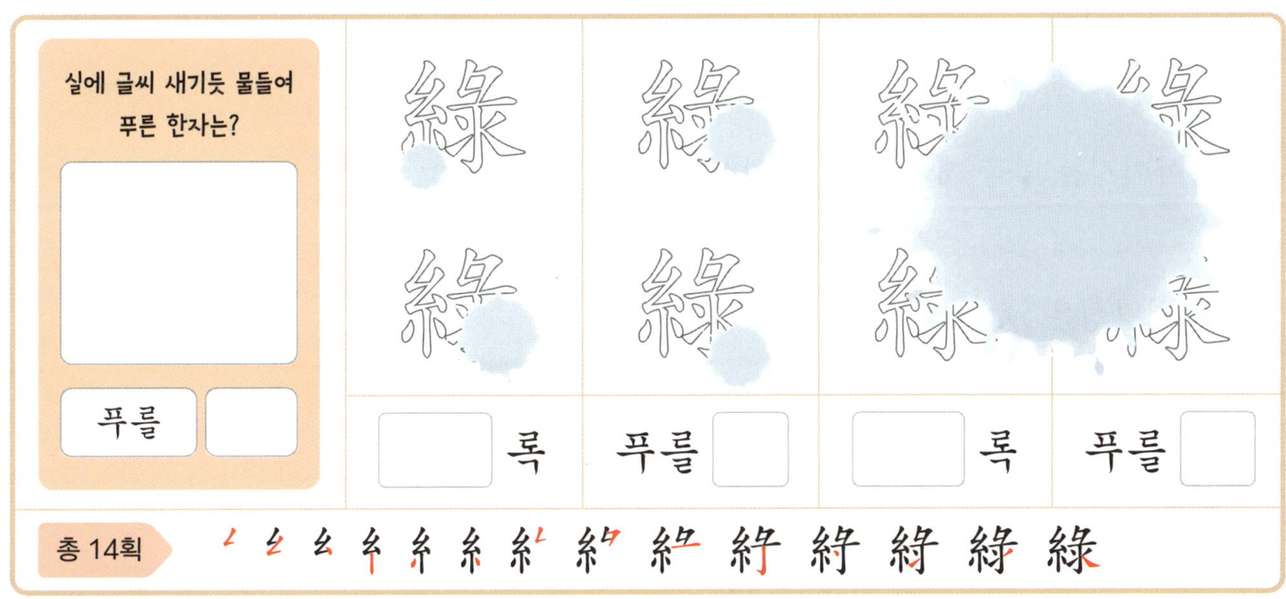

실에 글씨 새기듯 물들여 푸른 한자는?

푸를 [ ]

| [ ] 록 | 푸를 [ ] | [ ] 록 | 푸를 [ ] |

총 14획 ﹅ ﹅ ﹅ 纟 纟 糸 糸 紓 紓 紓 綒 綠 綠 綠

한자 어휘 한자의 음을 쓰세요.

❶ 맑고 밝은 **淸明** [ ]명

❷ 푸른빛 **綠色** [ ]

❸ 맑고 부드러운 바람 **淸風** [ ]풍

❹ 풀의 푸른빛 **草綠** [ ]

❺ 셈하여 깨끗이 해결함 **淸算** [ ]

❻ 푸른빛을 띤 녹색 **靑綠** [ ]

예습! 6급 한자 明(밝을 명) 風(바람 풍)   복습! 한자 色(빛 색) 草(풀 초) 算(셈 산) 靑(푸를 청)

 **어휘 활용** 문장을 소리 내어 읽고 한자의 음을 쓰세요.

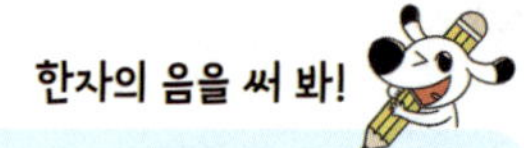

1 날씨가 **清明**하여 가족이 함께
나들이를 가기로 했습니다.

명

국어 3
2 창포는 6~7월에 연한 노란색을 띤
綠色 꽃이 피는 식물입니다.

3 맑은 공기와 **清風**이 감도는
아름다운 자연이 그립습니다. 

풍

국어 3
4 공원에는 **草綠**색 나무가 많아
기분까지 상쾌했습니다.

5 아버지는 빚을 깨끗이 **清算**하셨습니다.

과학 3
6 천왕성은 **清綠**색을 띠고 희미한
고리가 있습니다.

다음 밑줄 친 단어의 한자를 <보기>에서 고르세요.

<보기>　　① **清明**　② **清風**　③ **青綠**　④ **草綠**　⑤ **綠色**

1. 시월의 가을 하늘이 너무나 청명합니다. ________

2. 초록빛 바닷물에 발을 담그고 싶어요. ________

3. 녹색과 붉은색은 보색입니다. ________

4. 정자에 앉으니 한 줄기 청풍이 불어옵니다. ________

정답　**1** 청명　**2** 녹색　**3** 청풍　**4** 초록　**5** 청산　**6** 청록　|　1.① 2.④ 3.⑤ 4.②

16 풀 한가운데 피는 꽃부리 英, 물 굽어 길게 흐르는 길 永

꽃부리 영

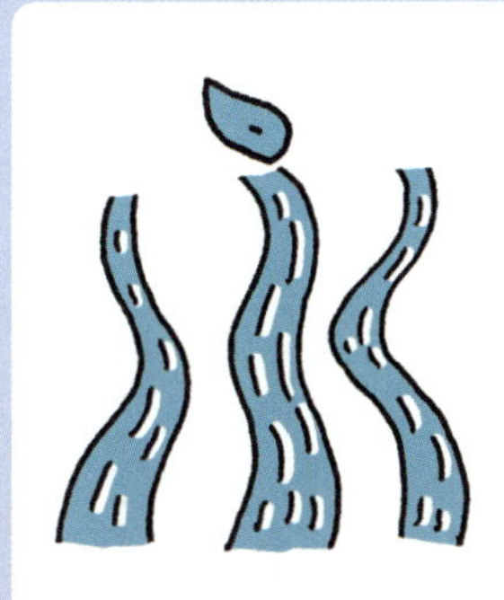

길 영

'꽃부리 영'은 풀(++) 한가운데 피어나는
꽃잎인(央) 꽃부리를 가리켜요.

'길 영'은 물방울이 튀고(丶) 굽으며(乛)
흘러가는 물줄기가 길게 뻗은(水) 모습이에요.

풀이말을 큰 소리로 읽으며 획을 따라 쓰세요.

따라 써 봐!

풀이말	풀	한가운데 피어난 꽃잎	꽃부리 영	꽃부리

풀이말	물방울이 튀고	굽으며	흘러가는 물줄기가 길게 뻗은	길 영	길

도움말 英(꽃부리 영)에서 央(가운데 앙)은 옛날 형틀인 칼을 머리에 찬 모양으로 가운데를 나타내요. 英(꽃부리 영)이 쓰인 단어는
'꽃'과 관련이 없이 '뛰어나다'는 뜻으로 쓰여요. 永(길 영)에서 '길'은 '길다'라는 뜻으로, '영원하다', '오래다'는 뜻으로도 쓰여요.

 **물방울 한자**   물방울 ⬤ 에 가려진 한자를 필순에 맞게 쓰고, 빈칸에 훈과 음을 쓰세요.

풀 한가운데 피어난 꽃잎을 가리키는 한자는? 꽃부리 [ ]	英 英	英 英	英 英	英 英
	[ ] 영	꽃부리 [ ]	[ ] 영	꽃부리 [ ]

총 9획 ▶ 一 十 十 芢 芢 芢 芢 英 英

물방울이 튀고 굽어지며 길게 뻗은 한자는? 길 [ ]	永 永	永 永	永 永	永 永
	[ ] 영	길 [ ]	[ ] 영	길 [ ]

총 5획 ▶ 丶 丁 才 永 永

 **한자 어휘**   한자의 음을 쓰세요.

❶ 뛰어난 재주 英才 [   ]   ❷ 길고 멀어 끝없는 永遠 [   ] 원

❸ 남달리 뛰어난 英特 [   ] 특   ❹ 영원히 사는 永生 [   ]

❺ 미국과 영국의 말 英語 [   ]   ❻ 영원히 언제까지나 永永 [   ]

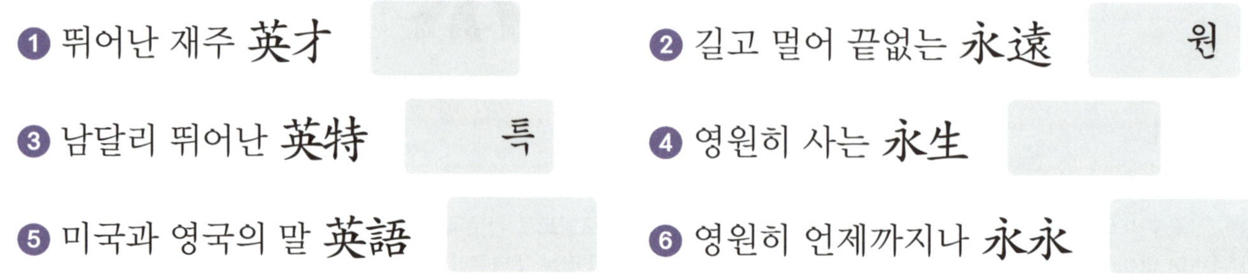

예습! 6급 한자 遠(멀 원) 特(특별할 특)   복습! 한자 才(재주 재) 生(날 생) 語(말씀 어)

 **어휘 활용** 문장을 소리 내어 읽고 한자의 음을 쓰세요.

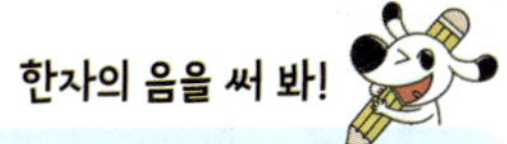

1 부모는 자식에게 **英才** 교육을
시켰습니다.

[ ]

국어 4
2 이대로 **永遠**히 침대 위에 앉아 있고
싶다고 생각했어요.

원

3 동생은 어려서부터 **英特**하고
모든 일에 뛰어났어요.

특

4 진시황은 **永生** 불사를 하고 싶어
불로초를 구했습니다.

[ ]

영어 3
5 우리 같이 **英語** 학습을 하며
12개의 구슬을 찾아보자!

[ ]

6 이제 헤어지면
永永 못 보는 건가요?

다음 밑줄 친 단어의 한자를 <보기>에서 고르세요.

<보기>　① 英才　② 英特　③ 英語　④ 永生　⑤ 永遠

1. 이 순간을 <u>영원</u>히 간직하고 싶습니다. ________

2. 학교에서 <u>영재</u>들의 조기 입학을 허가하였습니다. ________

3. 윤수는 <u>영특</u>하지만 몸이 너무 허약합니다. ________

4. 미라는 다음 세상의 <u>영생</u>을 위해 만들어졌습니다. ________

물을 주인이 부을 注, 물을 욕조에 부어 따뜻할 溫

부을 주

따뜻할 온

'부을 주'는 물을(氵)
주인이(主) 붓는 모양이에요.

'따뜻할 온'은 따뜻한 물을(氵)
욕조에 있는 사람에게(囚) 그릇으로(皿)
붓는 모양이에요.

풀이말을 큰 소리로 읽으며 획을 따라 쓰세요.

따라 써 봐!

注	注	注	注
물을	주인이	부을 주	부을 ☐

溫	溫	溫	溫	溫
따뜻한 물을	사람이 있는 욕조 안에	그릇으로 부어	따뜻할 온	따뜻할 ☐

도움말 注(부을 주)에서 主(주인 주)는 촛불이 촛대 한가운데서 타는 모양이에요. 집의 한가운데 있는 주인을 나타내요.

물방울 한자 　물방울 ◯ 에 가려진 한자를 필순에 맞게 쓰고, 빈칸에 훈과 음을 쓰세요.

물을 주인이 붓는 한자는?			
부을	□ 주	부을 □	□ 주 　부을 □

총 8획 ＼ ＼ ＼ ⺡ ⺡ 氵 汁 注 注

따뜻한 물을 욕조에 그릇으로 붓는 한자는?			
따뜻할	□ 온	따뜻할 □	□ 온 　따뜻할 □

총 13획 ＼ ＼ 氵 氵 沪 沪 沪 沪 沪 溫 溫 溫 溫

한자 어휘 　한자의 음을 쓰세요.

❶ 기름을 부어 넣는 **注油** 

❷ 따뜻한 물 **溫水**

❸ 흘러 들어가게 붓는 **注入** 

❹ 난방 장치를 한 방 **溫室**

❺ 관심을 쏟아붓는 **注意** 

❻ 몸의 온도 **體溫** 　체

예습! 6급 한자 　體(몸 체) 　　**복습! 한자** 　油(기름 유) 水(물 수) 入(들 입) 室(집 실) 意(뜻 의)

어휘 활용 문장을 소리 내어 읽고 한자의 음을 쓰세요.

1 注油소에서 기름을 넣을 때는 액체의 부피를 측정해야 합니다.

2 보일러가 고장 나서 溫水가 나오지 않습니다.

과학3 **3** 풍선에 공기 注入기로 공기를 넣으면 풍선이 부풀어 오릅니다.

4 한겨울에도 溫室에서는 아름다운 꽃들이 자라요.

과학3 **5** 가열 기구에 화상을 입지 않도록 注意합니다.

과학3 **6** 북극곰은 두꺼운 지방이 있어 體溫을 유지하기에 좋습니다.

체

다음 밑줄 친 단어의 한자를 〈보기〉에서 고르세요.

도전! 6급 시험

〈보기〉 ① 注油　② 注意　③ 溫水　④ 溫室　⑤ 體溫

1. 사고가 나지 않도록 <u>주의</u>해야 합니다. ________

2. 할머니 댁에 가는 길에 <u>주유</u>소에 들렀습니다. ________

3. 나는 <u>온수</u>를 틀어서 목욕을 합니다. ________

4. <u>체온</u>은 일정하게 유지되어야 합니다. ________

정답 **1** 주유 **2** 온수 **3** 주입 **4** 온실 **5** 주의 **6** 체온 ｜ 1. ② 2. ① 3. ③ 4. ⑤

빈칸에 알맞은 한자와 훈음을 쓰세요.

永

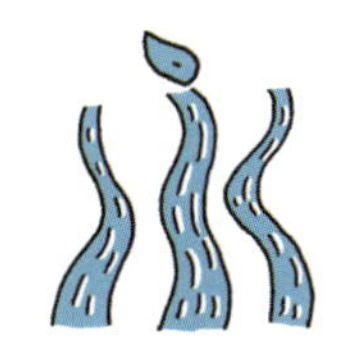

理

부을 주

野

英

따뜻할 온

童

清

界

綠

注

다스릴 리

들 야

溫

맑을 청

<보기> 童 理 野 界 清 綠 英 永 注 溫

1 전 세　　가 야생 동물 보호를 위해 노력하고 있습니다.

2 나는 만화책보다 　 화책이 더 좋아요.

3 이대로 　 원히 침대 위에 앉아 있고 싶다고 생각했어요.

4 공원에는 초 　 색 나무가 많아 기분까지 상쾌했습니다.

5 날씨가 　 명하여 가족이 함께 나들이를 가기로 했어요.

6 학교에서는 　 재들의 조기 입학을 허가하였습니다.

7 가열 기구에 화상을 입지 않도록 　 의합니다.

8 정약용은 사람이 바르게 사는 도 　 를 따지는 성리학을 주로 공부했어요.

9 물이 흘러넘칠 때마다 흙더미가 쌓여 평 　 가 됩니다.

10 북극곰은 두꺼운 지방이 있어 체 　 을 유지하기에 좋습니다.

6급 급수 시험 예상 문제

맞힌 개수 / 30 개

[1~10] 다음 한자어의 음(音: 소리)을 쓰세요.

<보기> 漢字 → 한자

1. 역사에 **永遠**히 기록될 것입니다.

____

2. **世界**를 무대로 활동하는 가수입니다.

____

3. 가을 하늘이 **淸明**ᵐ합니다.

____

4. **草綠**빛 바닷물에 발을 담가요.

____

5. 동시에는 **童心**세계가 담겨 있어요.

____

6. 환절기에는 **體**ᵉ**溫** 조절이 중요해요.

____

7. 형은 어릴 때부터 **英才**로 불렸습니다.

____

8. 넓은 **平野**에서 논농사를 짓습니다.

____

9. **道理**에 어긋나는 일을 하면 안 돼요.

____

10. **注油**소에서 기름을 넣고 떠납시다.

____

[11~14] 다음 한자의 훈(訓: 뜻)과 음(音: 소리)을 쓰세요.

<보기> 字 → 글자 자

11. 野 _____________

12. 綠 _____________

13. 界 _____________

14. 溫 _____________

[15~16] 다음 한자와 뜻이 반대 또는 상대되는 한자를 골라 ☐ 안에 그 번호를 쓰세요.

15. 童: ① 米 ② 本 ③ 老 ④ 小 ☐

16. 下: ① 左 ② 上 ③ 右 ④ 淸 ☐

[17~18] 다음 한자와 뜻이 같거나 비슷한 한자를 골라 ☐ 안에 그 번호를 쓰세요.

17. 綠: ①農 ②野 ③先 ④靑 ☐

18. 和: ①科 ②活 ③平 ④理 ☐

[19~20] 다음 한자와 소리(音)는 같으나 뜻(訓)이 다른 한자를 골라 ☐ 안에 그 번호를 쓰세요.

19. 注: ①畫 ②川 ③弟 ④才 ☐

20. 理: ①意 ②老 ③市 ④李 ☐

[21~22] 다음 ☐ 안에 알맞은 한자를 <보기>에서 찾아 그 번호를 쓰세요.

<보기>
①童 ②理 ③野 ④界
⑤淸 ⑥綠 ⑦英 ⑧永

21. 草☐同色: '풀빛과 녹색이 같은 색깔', 이름은 다르나 따져 보면 한가지

22. ☐生動物: 산이나 들에서 사는 동물

[23~24] 다음 뜻에 맞는 한자어를 <보기>에서 찾아 ☐ 안에 그 번호를 쓰세요.

<보기>
①溫氣 ②童心
③體溫 ④英材

23. 어린이의 마음 ☐

24. 따뜻한 기운 ☐

[25~28] 다음 밑줄 친 한자어의 한자를 쓰세요.

<보기> 국어 → 國語

25. 다음 주부터 등교 시간이 빨라집니다.

____

26. 산수는 기초적인 셈법을 말합니다.

____

27. 옛이야기에 나오는 효녀를 만나요.

____

28. 식목일에 나무를 심기로 했어요.

____

[29~30] 다음 한자에서 짙게 표시한 획은 몇 번째 쓰는 획인지 <보기>에서 찾아 ☐ 안에 그 번호를 쓰세요.

<보기>
⑦ 일곱 번째   ⑧ 여덟 번째
⑨ 아홉 번째   ⑩ 열 번째
⑪ 열한 번째   ⑫ 열두 번째

29. 溫 ☐   30. 綠 ☐

19 불꽃 아래 빛나는 빛 光, 해와 달이 밝으니 밝을 明

빛 광

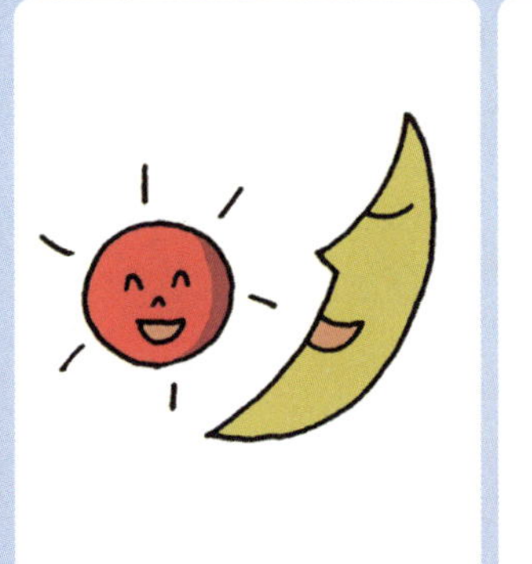

밝을 명

'빛 광'은 불꽃 아래 (ㅛ) 앉은 사람 주변이
빛나는(儿) 모습이에요.

'밝을 명'은 해와(日) 달이(月) 떠올라
밝게 비추는 모습이에요.

풀이말 풀이말을 큰 소리로 읽으며 획을 따라 쓰세요.

따라 써 봐!

풀이말	불꽃 아래	앉은 사람 주변이 빛나니	빛 광	빛

풀이말	해와	달이 밝으니	밝을 명	밝을

도움말 光(빛 광)에서 위쪽은 불꽃을 나타냈고, 아래 儿(앉은 사람 인)은 앉아 있는 사람의 모습을 표현했어요.

유의어 光(빛 광) ― 明(밝을 명) ― 色(빛 색)

물방울 한자   물방울 ● 에 가려진 한자를 필순에 맞게 쓰고, 빈칸에 훈과 음을 쓰세요.

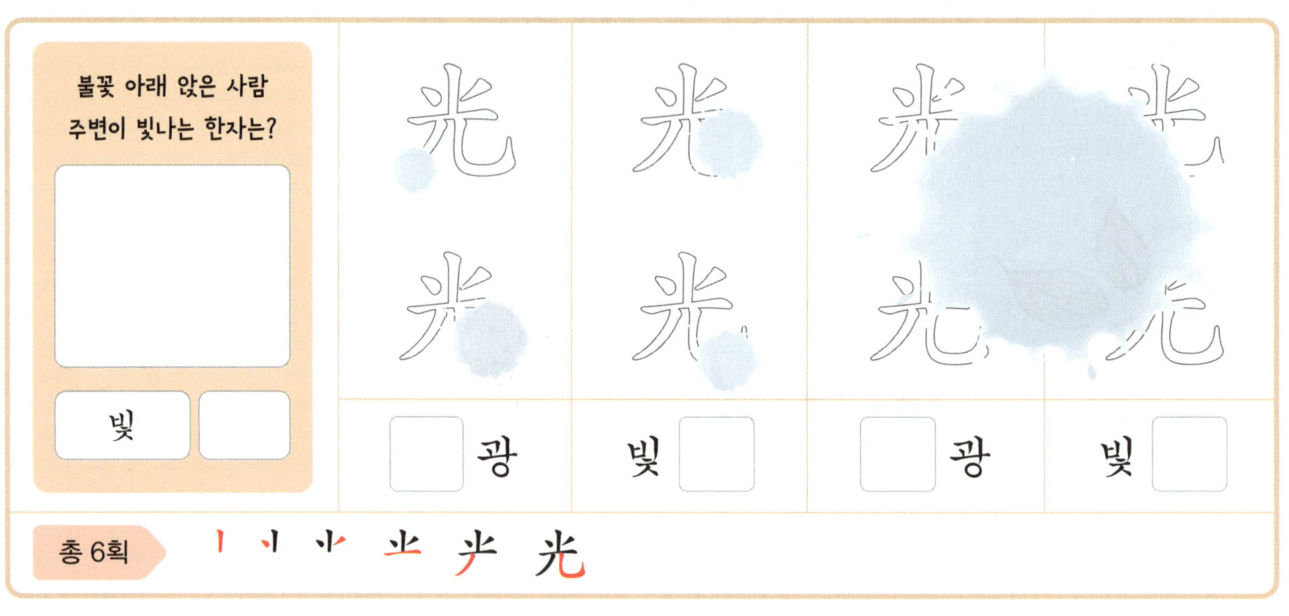

불꽃 아래 앉은 사람 주변이 빛나는 한자는?

빛

□ 광   빛 □   □ 광   빛 □

총 6획   丨 丨 丩 业 屵 光

해와 달이 떠올라 밝은 한자는?

밝을

□ 명   밝을 □   □ 명   밝을 □

총 8획   丨 冂 冂 日 日 刖 明 明

한자 어휘   한자의 음을 쓰세요.

❶ 빛의 줄기 **光線**   선

❷ 밝아서 아주 뚜렷한 **明白**

❸ 밝은 빛 **光明**

❹ 밝고 좋은 집터 **明堂**   당

❺ 빛을 내는 **發光**

❻ 밝은 빛을 잃어버린 **失明**

예습! 6급 한자   線(줄 선) 堂(집 당)   복습! 한자   白(흰 백) 發(쏠/필 발) 失(잃을 실)

 **어휘 활용** 문장을 소리 내어 읽고 한자의 음을 쓰세요.

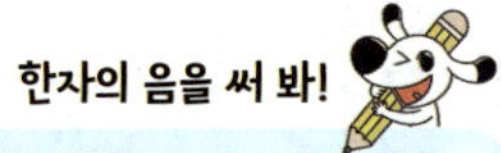

❶ 마치 눈에서 **光線**이 쏟아져 나오듯
소년의 눈빛은 강렬했습니다.

선

❷ 이번 일은 **明白**한 나의 잘못이다.

❸ 어려움 속에서 드디어 **光明**의
빛줄기가 한 가닥 비쳤어요.

❹ 우리 학교 자리가 **明堂**이라고 합니다.

당

❺ 반딧불이는 스스로
發光합니다.

❻ 나는 사고로 **失明**했지만 점자 책으로
열심히 공부했어요.

다음 밑줄 친 단어의 한자를 〈보기〉에서 고르세요.

〈보기〉　① 發光　② 光明　③ 光線　④ 明堂　⑤ 明白

1. 직사광선은 피하는 게 좋습니다. ________

2. 우리의 앞길에 광명이 비칠 것입니다. ________

3. 그것은 부정할 수 없는 명백한 사실입니다. ________

4. 여기는 상가를 짓기에 명당이라 할 수 있습니다. ________

해 걸리고 달 들어가는 아침 朝, 달빛이 비치는 밤 夜

아침 조

밤 야

'아침 조'는 나뭇가지 사이로(十) 해가 걸리고(早) 달은 들어가는(月) 아침을 나타냈어요.

'밤 야'는 지붕 아래(宀) 사람에게(亻) 달빛이 비치는(夂) 밤을 나타냈어요.

 풀이말

풀이말을 큰 소리로 읽으며 획을 따라 쓰세요.

따라 써 봐!

풀이말	나뭇가지 사이로	해가 걸리고	달은 들어가는	아침 조	아침

풀이말	지붕 아래	사람에게	달빛이 비치는	밤 야	밤

반의어 朝(아침 조) ↔ 夕(저녁 석), 夜(밤 야) ↔ 晝(낮 주)

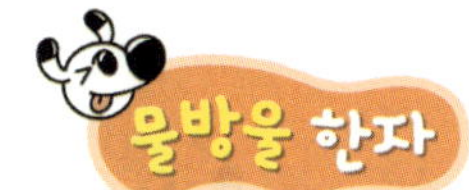

물방울 한자 물방울 에 가려진 한자를 필순에 맞게 쓰고, 빈칸에 훈과 음을 쓰세요.

나뭇가지에 해가 걸리고 달은 들어가는 한자는?

朝	朝	朝	朝
朝	朝	朝	朝
( ) 조	아침 ( )	( ) 조	아침 ( )

아침 ( )

총 12획 一 十 𠂇 古 古 古 直 卓 𠦝 朝 朝 朝

지붕 아래 사람에게 달빛이 비치는 한자는?

夜	夜	夜	夜
夜	夜	夜	夜
( ) 야	밤 ( )	( ) 야	밤 ( )

밤 ( )

총 8획 丶 亠 广 疒 亣 夜 夜 夜

한자 어휘 한자의 음을 쓰세요.

1 아침과 저녁 朝夕 ( )
2 밤 동안 夜間 ( )
3 아침밥 朝食 ( )
4 어둠에 빛을 내는 夜光 ( )
5 아침에 모이는 朝禮 (례)
6 눈 내리는 밤 雪夜 (설)

예습! 6급 한자 禮(예도 례) 雪(눈 설) 복습! 한자 夕(저녁 석) 間(사이 간) 食(먹을 식) 光(빛 광)

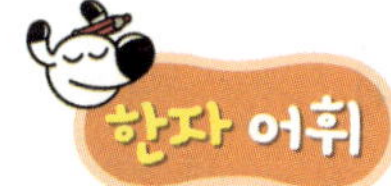

 **어휘 활용** 문장을 소리 내어 읽고 한자의 음을 쓰세요.

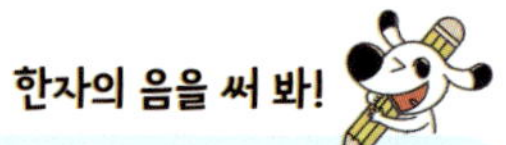

① 나는 매일 **朝夕**으로 부모님께 **電話**를 드려요. 

	,

• 電(번개 전) 話(말씀 화)

② (국어 4) **夜間** 활동을 할 때에는 밝은색 긴 옷을 입으세요.

③ 우리 호텔은 맛있는 **朝食**을 제공합니다.

④ 차가 지나갈 때마다 **夜光** 표지판이 번득였습니다.

⑤ **朝禮**가 끝나자 아이들은 운동장에서 신나게 뛰어놀았어요.

례

⑥ **雪夜**에 비치는 달빛이 고요합니다.

설

다음 밑줄 친 단어의 한자를 〈보기〉에서 고르세요.

〈보기〉 ① 朝夕 ② 朝禮 ③ 雪夜 ④ 夜光 ⑤ 夜間

1. 조석으로 날씨가 쌀쌀해졌습니다. ________
2. 야간에는 낮보다 덜 덥습니다. ________
3. 밤에는 야광 안전표지를 준비해야 합니다. ________
4. 오늘은 비가 와서 강당에서 조례를 했습니다. ________

정답 **①** 조석, 전화 **②** 야간 **③** 조식 **④** 야광 **⑤** 조례 **⑥** 설야 | 1. ① 2. ⑤ 3. ④ 4. ②

21 벼랑에서 떨어진 돌 石, 벼랑을 오르다가 돌이킬 反

石

돌 석

'돌 석'은 벼랑에서(厂) 떨어져 나온 작은 돌을(口) 나타내요.

反

돌이킬 반

'돌이킬 반'은 가파른 벼랑을(厂) 손으로 짚고 오르다가(又) 거꾸로 돌이키는 모습이에요.

풀이말을 큰 소리로 읽으며 획을 따라 쓰세요.

따라 써 봐!

石	石		石
벼랑에서	떨어져 나온 작은	돌 석	돌

反	反		反
가파른 벼랑을	손으로 짚고 오르다가 거꾸로	돌이킬 반	돌이킬

도움말　反(돌이킬 반)에는 '돌아올 반'이라는 훈음도 있어요.

반의어　反(돌이킬 반) ↔ 正(바를 정)

물방울 🔵 에 가려진 한자를 필순에 맞게 쓰고, 빈칸에 훈과 음을 쓰세요.

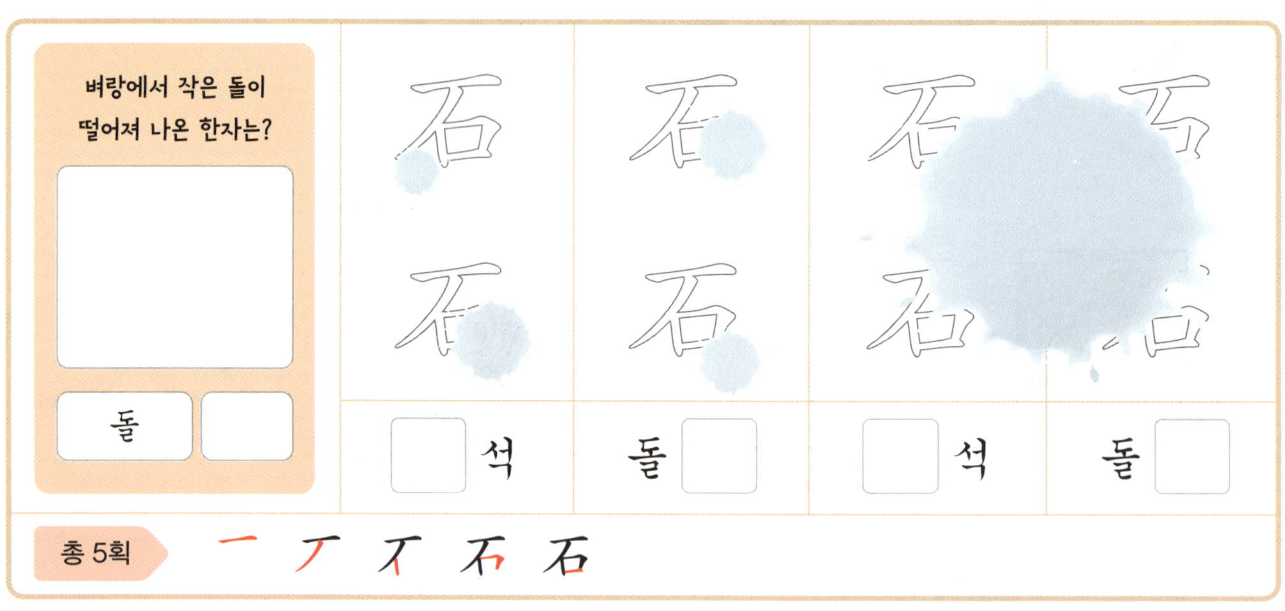

 한자 어휘   한자의 음을 쓰세요.

❶ 돌을 다듬는 **石工**

❷ 맞서 거스르는 **反對**   대

❸ 나무와 돌처럼 무딘 **木石**

❹ 전쟁을 반대하는 **反戰**   전

❺ 자연 그대로의 돌 **自然石**

❻ 되받아 묻는 **反問**

예습! 6급 한자 對(대할 대) 戰(싸움 전)   **복습! 한자** 工(장인 공) 木(나무 목) 自(스스로 자) 然(그럴 연) 問(물을 문)

 문장을 소리 내어 읽고 한자의 음을 쓰세요.

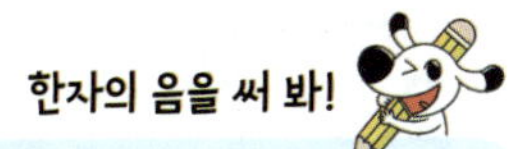

1 이 석탑에는 이름 없는 **石工**의 정성이 들어 있습니다.

2 (국어 4) 저는 댐을 건설하는 것에 **反對**합니다.　　대

3 그때까지도 사내는 **木石**처럼 꼼짝도 하지 않았습니다.

4 **反戰** 운동은 세계 평화에 기여합니다.　　전

5 김 사장은 비싼 나무와 **自然石**으로 정원을 호화롭게 꾸몄습니다.

6 나는 그 질문을 나 자신에게 **反問**해 보았어요.

다음 밑줄 친 단어의 한자를 〈보기〉에서 고르세요.

〈보기〉　① 石工　② 自然石　③ 反對　④ 反戰　⑤ 反問

1. 그곳에 가려면 지하철을 <u>반대</u> 방향으로 타야 합니다. ________

2. 지훈이는 정색을 하고 <u>반문</u>했습니다. ________

3. <u>자연석</u>을 날라다 작은 동산에 세웠습니다. ________

4. <u>석공</u>은 손이 찢어지도록 정과 망치를 두드렸습니다. ________

금붙이 매달아 빛나니 누를 黃, 비처럼 내려 모으는 눈 雪

누를 **황**

눈 **설**

'누를 황'은 여러 사람의(廿) 허리에 매단
금붙이가(由) 빛나는(灬) 모양이에요.
번쩍번쩍 빛나는 금붙이는 누런색이에요.

'눈 설'은 비처럼(雨) 하늘에서 내리면
손으로 쓸어 모을 수 있는(크) 눈을 가리켜요.

풀이말 풀이말을 큰 소리로 읽으며 획을 따라 쓰세요.

따라 써 봐!

풀이말 여러 사람의 | 허리에 매단 누런 금붙이가 | 번쩍번쩍 빛나니 | 누를 황 | 누를 〔 〕

풀이말 비처럼 내린 | 손으로 쓸어 모을 수 있는 | 눈 설 | 눈 〔 〕

도움말 黃(누를 황)에서 廿(스물 입)은 十(열 십)과 十(열 십)을 더해 20 또는 여럿을 나타내요. 雪(눈 설)에서 雨(비 우)는 하늘에서 내리는 빗줄기와 빗방울 모양이에요.

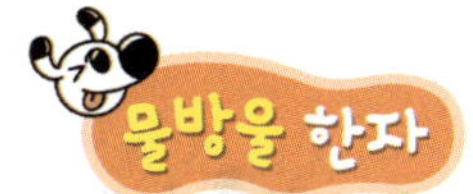

물방울 한자 물방울 에 가려진 한자를 필순에 맞게 쓰고, 빈칸에 훈과 음을 쓰세요.

여럿의 허리에 매단 금붙이가 빛나는 한자는?

누를 [ ]

黃 黃 黃 黃
黃 黃 黃 黃

[ ] 황 | 누를 [ ] | [ ] 황 | 누를 [ ]

총 12획 一 十 廾 廾 # 芇 芇 芇 苗 黄 黄 黃

비처럼 내린, 손으로 뭉칠 수 있는 눈을 가리키는 한자는?

눈 [ ]

雪 雪 雪 雪
雪 雪 雪 雪

[ ] 설 | 눈 [ ] | [ ] 설 | 눈 [ ]

총 11획 一 ㄏ 冖 币 币 雨 雨 雨 雪 雪 雪

한자 어휘 한자의 음을 쓰세요.

1. 누런 빛깔 **黃色** [ ]
2. 가지에 꽃처럼 붙은 눈 **雪花** [ ]
3. 누렇고 거무스름한 흙 **黃土** [ ]
4. 큰 눈 **大雪** [ ]
5. 우리나라 서쪽 바다 **黃海** [ ]
6. 하얀 눈 **白雪** [ ]

복습! 한자 色(빛 색) 花(꽃 화) 土(흙 토) 大(큰 대) 海(바다 해) 白(흰 백)

한자의 음을 써 봐!

1 서해는 바닷물에 진흙이 섞여 있어서
黃色을 띕니다.

2 나뭇가지에 붙어 꽃처럼 보이는 눈을
雪花라고 합니다.

3 黃土로 벽을 바른 집은
아늑한 느낌이 들어요.

4 기상청은 大雪 주의보를 내렸습니다.

5 黃海를 건너면 바로 중국입니다.

6 白雪 공주는 눈처럼 하얀 피부를
가졌습니다.

다음 밑줄 친 단어의 한자를 〈보기〉에서 고르세요.

〈보기〉　① 黃色　② 黃海　③ 雪花　④ 白雪　⑤ 黃土

1. 저 산은 나무는 없고 <u>황토</u>만 드러나 있습니다. ________

2. <u>백설</u>이 내려 겨울 산에 꽃이 피었습니다. ________

3. 석양에 물든 <u>황해</u>를 바라봅니다. ________

4. <u>설화</u>가 결정을 이루었던 나무에도 싹이 돋았습니다. ________

정답　**1** 황색　**2** 설화　**3** 황토　**4** 대설　**5** 황해　**6** 백설　|　1. ⑤　2. ④　3. ②　4. ③

23 소를 반씩 가르는 반 半, 꿴 구슬을 칼로 끊어 나눌 班

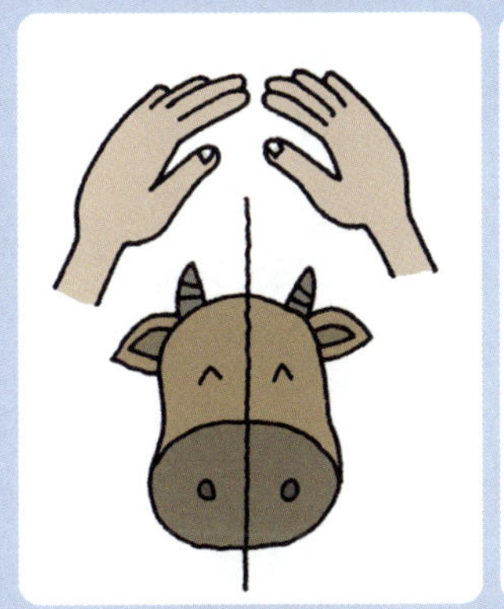

반 반

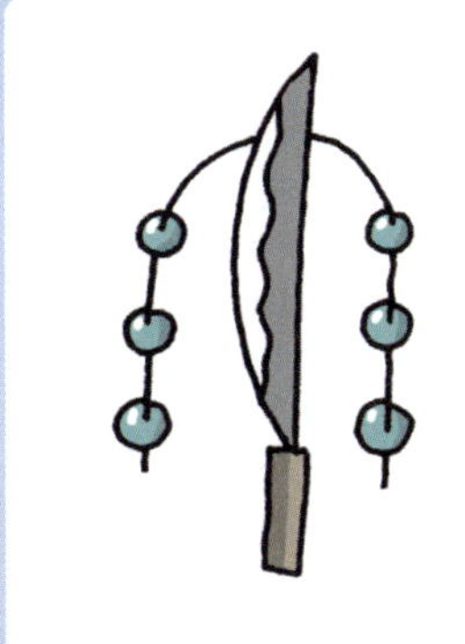

나눌 반

'반 반'은 양쪽으로 갈라(八)
소를 반으로 나누는(牛) 모습을 그렸어요.

'나눌 반'은 실로 꿴 구슬을(王)
칼로 끊어(刂) 구슬을(王) 나누는 모습이에요.

풀이말을 큰 소리로 읽으며 획을 따라 쓰세요.

따라 써 봐!

半	半	半	半
양쪽으로 갈라	소를 나누는	반 반	반 ☐

班	班	班	班	班
실로 꿴 구슬을	칼로 끊어	구슬을	나눌 반	나눌 ☐

도움말 半(반 반)은 '절반', '반'이라는 뜻 이외에 '부분'이라는 뜻도 있어요. 班(나눌 반)은 '나누다'라는 뜻에 더 나아가, 각각으로 나눈 '반', '학급', '등급'이라는 뜻도 있어요.

물방울 한자 물방울 ◯ 에 가려진 한자를 필순에 맞게 쓰고, 빈칸에 훈과 음을 쓰세요.

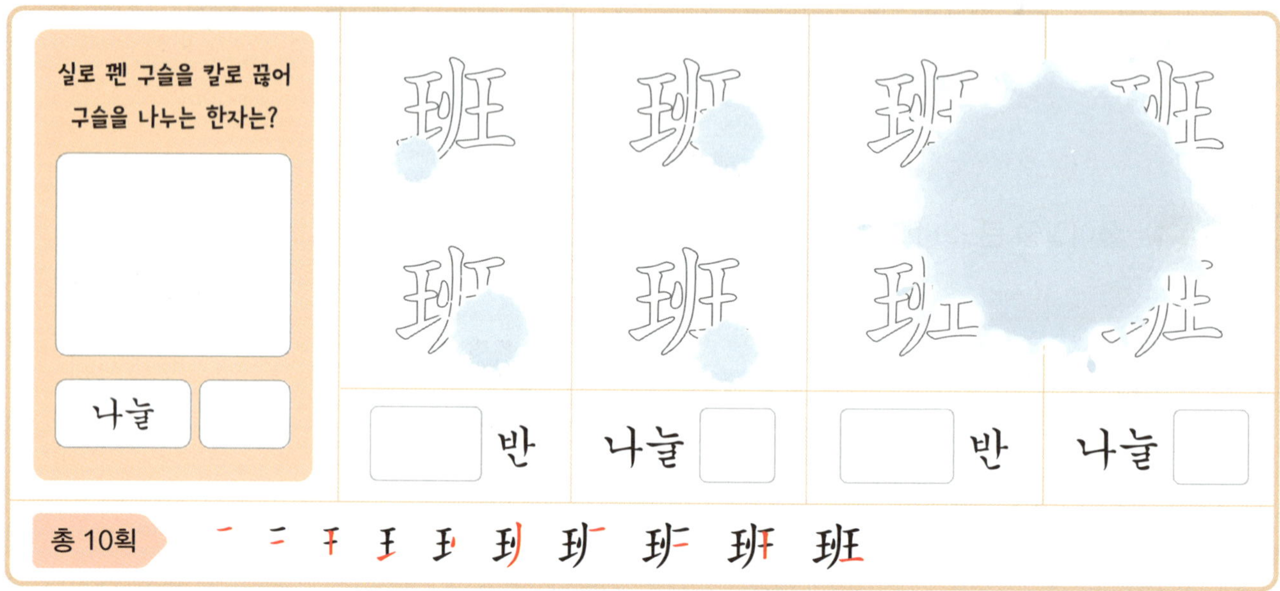

한자 어휘 한자의 음을 쓰세요.

❶ 절반으로 나누는 **半分**　　　분

❷ 반을 대표하는 **班長**

❸ 한 해의 반 **半年**

❹ 반마다 따로따로 **班別**　　　별

❺ 둘로 나눈 앞쪽 **前半**

❻ 한 반을 나누는 **分班**　　분

예습! 6급 한자　分(나눌 분) 別(나눌/다를 별)　　**복습!** 한자　長(긴/어른 장) 年(해 년) 前(앞 전)

문장을 소리 내어 읽고 한자의 음을 쓰세요.

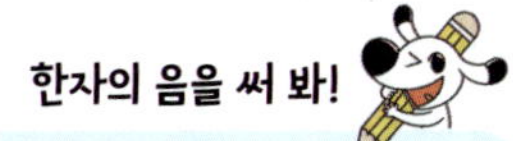

1 우리는 수익금을 **半分**하여 서로 나누어 가졌습니다.

분

2 상아가 우리 반 **班長**으로 뽑혔어요.

3 나는 **半年** 뒤에 어머니의 **便紙**를 받아 보았습니다.

,

• 便(편할 편) 紙(종이 지)

4 이번 가을 소풍은 **班別**로 가기로 했습니다.

별

5 축구 시합에서 우리 팀이 **前半**에만 세 골을 넣었어요.

6 한 반에 학생들이 많아 **分班**해서 공부했습니다.

분

다음 밑줄 친 단어의 한자를 <보기>에서 고르세요.

<보기>　　① 半分　② 前半　③ 班長　④ 分班　⑤ 半年

1. 윤지가 우리 반 반장입니다. ____________

2. 분반이 되어 선우와 나는 갈라졌습니다. ____________

3. 형은 회사 생활을 반년도 못 채웠습니다. ____________

4. 재산을 반분하여 똑같이 나누었습니다. ____________

밤 야

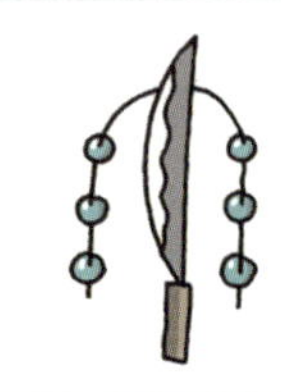

班

反

黃

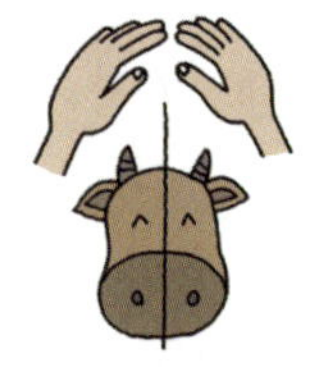

반 반

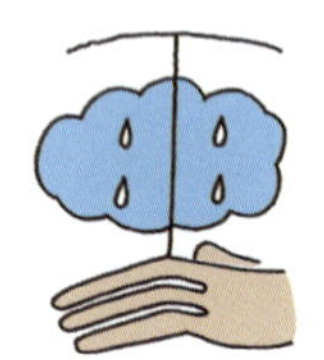

눈 설

明

夜

光

朝

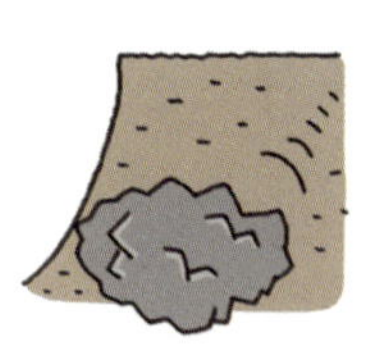

石

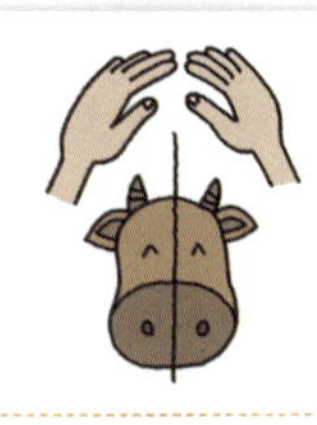

半

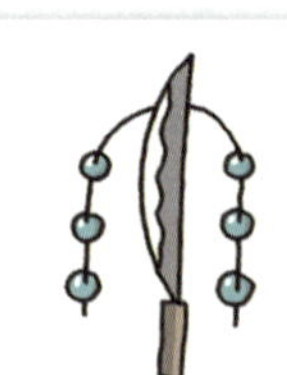

나눌 반

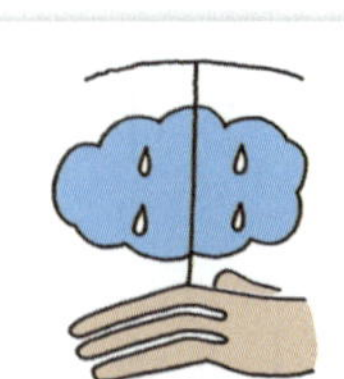

雪

누를 황

<보기> 光 明 朝 夜 石 反 黃 雪 半 班

1. 아버지는 [ ]석으로 할머니께 안부 전화를 드립니다.

2. 상아가 우리 반 [ ]장으로 뽑혔어요.

3. 소년의 눈에서 마치 [ ]선이 뿜어 나오는 듯했습니다.

4. 저는 댐을 건설하는 것에 [ ]대합니다.

5. [ ]토로 벽을 바른 집은 아늑한 느낌이 듭니다.

6. [ ]간 활동을 할 때에는 밝은색 긴 옷을 입으세요.

7. 백[ ] 공주는 눈처럼 하얀 피부를 가졌어요.

8. 그 사람은 [ ]백하게 잘못하고도 뉘우치지 않습니다.

9. 축구 시합에서 우리 팀이 전[ ]에만 세 골을 넣었습니다.

10. 자연 [ ]을 날라다 작은 동산에 세웠어요.

6급 급수 시험 예상 문제

맞힌 개수 /30 개

[1~10] 다음 한자어의 음(音: 소리)을 쓰세요.

<보기> 漢字 → 한자

1. **反對**^대 의견도 들을 줄 알아야 해요.

____

2. **朝夕**으로 날씨가 쌀쌀해졌습니다.

____

3. 직사 **光線**^선은 피하는 게 좋습니다.

____

4. 겨울 산에 **白雪**이 내렸습니다.

____

5. 우리 반 **班長**으로 뽑혔습니다.

____

6. 재산을 **半分**^분하여 똑같이 나눴어요.

____

7. 나무가 없어 **黃土**가 드러났습니다.

____

8. 정원을 **自然石**으로 꾸몄습니다.

____

9. 어둠 속에 한 가닥 **光明**이 비칩니다.

____

10. **夜間**에는 교통사고에 주의합시다.

____

[11~14] 다음 한자의 훈(訓: 뜻)과 음(音: 소리)을 쓰세요.

<보기> 字 → 글자 자

11. 反 ________

12. 班 ________

13. 黃 ________

14. 夜 ________

[15~16] 다음 한자와 뜻이 반대 또는 상대되는 한자를 골라 ☐ 안에 그 번호를 쓰세요.

15. 朝: ① 夕 ② 界 ③ 永 ④ 郡 ☐

16. 夜: ① 部 ② 雪 ③ 海 ④ 晝 ☐

[17~18] 다음 한자와 뜻이 같거나 비슷한 한자를 골라 ⬚ 안에 그 번호를 쓰세요.

17. 光: ①言 ②明 ③半 ④石 ⬚

18. 郡: ①寸 ②由 ③住 ④邑 ⬚

[19~20] 다음 한자와 소리(音)는 같으나 뜻(訓)이 다른 한자를 골라 ⬚ 안에 그 번호를 쓰세요.

19. 班: ①界 ②永 ③反 ④計 ⬚

20. 朝: ①始 ②祖 ③庭 ④章 ⬚

[21~22] 다음 ⬚ 안에 알맞은 한자를 <보기>에서 찾아 그 번호를 쓰세요.

<보기>
①光 ②明 ③朝 ④夜
⑤石 ⑥反 ⑦黃 ⑧雪

21. 公 ⬚ 正大: 하는 일이나 태도가 떳떳하고 바름

22. 花 ⬚ 月夕: 꽃 피는 아침과 달 밝은 밤

[23~24] 다음 뜻에 맞는 한자어를 <보기>에서 찾아 ⬚ 안에 그 번호를 쓰세요.

<보기>
①淸明 ②夜光
③明白 ④晝夜

23. 낮과 밤 ⬚

24. 맑고 밝음 ⬚

[25~28] 다음 밑줄 친 한자어의 한자를 쓰세요.

<보기> 국어 → 國語

25. 전기는 생활을 편리하게 해 줘요.

____

26. 이 문제는 주민 투표로 결정합시다.

____

27. 음악을 들으면 마음이 편안합니다.

____

28. 형은 전자 제품 공장에서 일합니다.

____

[29~30] 다음 한자에서 짙게 표시한 획은 몇 번째 쓰는 획인지 <보기>에서 찾아 ⬚ 안에 그 번호를 쓰세요.

<보기>
④ 네 번째   ⑤ 다섯 번째
⑥ 여섯 번째   ⑦ 일곱 번째
⑧ 여덟 번째   ⑨ 아홉 번째

29. 雪 ⬚   30. 班 ⬚

물이 넘실대는 큰 바다 洋, 양이 크고 살져서 아름다울 美

큰 바다 양

아름다울 미

'큰 바다 양'은 물이(氵) 양떼의 움직임처럼 넘실대는(羊) 큰 바다를 나타내요.

'아름다울 미'는 양이(羊) 크고 살져서(大) 보기에 좋고 아름다운 모습이에요.

 **풀이말** 풀이말을 큰 소리로 읽으며 획을 따라 쓰세요.

따라 써 봐!

풀이말	물이	양떼처럼 넘실대는	큰 바다 양	큰 바다

풀이말	양이	크고 살져서	아름다울 미	아름다울

도움말 洋(큰 바다 양)은 海(바다 해)보다 더 넓고 큰 바다를 가리켜요. 큰 바다를 건너면 유럽 같은 여러나라가 있다고 해서 '서양'이라는 뜻도 생겼어요.

유의어 洋(큰 바다 양) ― 海(바다 해)

물방울  에 가려진 한자를 필순에 맞게 쓰고, 빈칸에 훈과 음을 쓰세요.

물이 양떼처럼 넘실대는 한자는?

큰 바다

총 9획 　丶丶氵氵浐浐浐浐洋洋

| | 양 | 큰바다 | | | 양 | 큰바다 | |

양이 크고 살져서 아름다운 한자는?

아름다울

총 9획 　丶丶丷丷꺅꺅羊羊美

| | 미 | 아름다울 | | | 미 | 아름다울 |

한자의 음을 쓰세요.

❶ 넓고 큰 바다 **海洋**　　　　　❷ 아름다운 사람 **美人**

❸ 유럽과 남북아메리카 **西洋**　　❹ 잘생긴 남자 **美男**

❺ 서양 의술로 만든 **洋藥**　　약　❻ 아름답게 표현하는 **美術**

예습! 6급 한자　藥(약 약)　　　복습! 한자　海(바다 해) 人(사람 인) 西(서녘 서) 男(사내 남) 術(재주 술)

어휘 활용 문장을 소리 내어 읽고 한자의 음을 쓰세요.

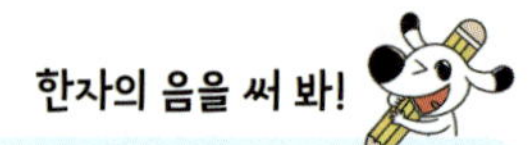

1 한국 海洋과학기술원에서는 해저 탐사 로봇인 '크랩스터'를 만들었습니다.

2 고모는 콧날이 서고 뺨에 살이 많아 꽤 美人이에요.

수학 3
3 西洋에서는 명절에 '진저브레드'를 먹는대요.

4 키가 훤칠한 美男인 청년이 멀뚱히 이쪽을 쳐다보았어요.

5 이 병에는 洋藥보다 한약이 더 좋습니다.

약

미술 3
6 멸종 위기 동물을 알리는 美術 작품을 만들어 봅시다.

다음 밑줄 친 단어의 한자를 〈보기〉에서 고르세요.

〈보기〉 ① 海洋 ② 洋藥 ③ 美男 ④ 美術 ⑤ 西洋

1. 나는 <u>서양</u> 미술에 관심이 많습니다. ________

2. 범고래는 <u>해양</u> 동물을 잡아먹습니다. ________

3. 노인은 <u>양약</u>으로 치료받고 있습니다. ________

4. 영희는 <u>미술</u>에 특별한 재능이 있습니다. ________

정답 **1** 해양 **2** 미인 **3** 서양 **4** 미남 **5** 양약 **6** 미술 | 1. ⑤ 2. ① 3. ② 4. ④

26 새가 나무에 모이는 모을 集, 말린 고기 쌓아 많을 多

모을 집

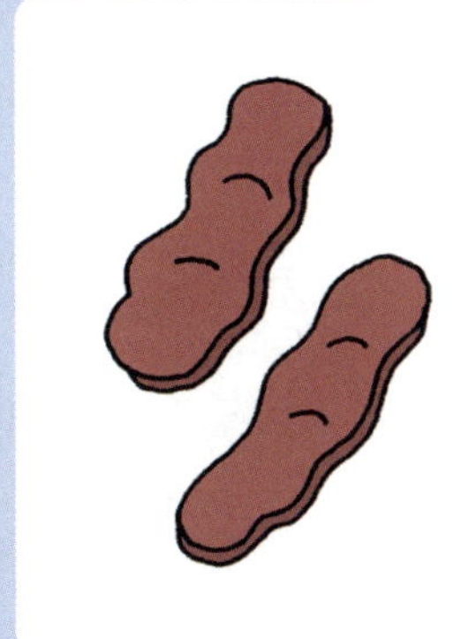

많을 다

'모을 집'은 새가(隹)
나무에(木) 모이는 모습이에요.

'많을 다'는 말린 고기(夕) 아래
말린 고기를(夕) 많이 쌓은 모습이에요.

풀이말을 큰 소리로 읽으며 획을 따라 쓰세요.

따라 써 봐!

풀이말			
集 새가	集 나무에 모이는	集 모을 집	集 모을 ☐

풀이말			
多 말린 고기 아래	多 말린 고기를 쌓아	多 많을 다	多 많을 ☐

도움말 集(모을 집)은 '모이다'라는 뜻도 있어요. 多(많을 다)에서 夕은 달이(月) 떠오르는 것을 그린 夕(저녁 석)과 모양이 같아요. 여기서는 고기(肉>月)를 말린 모습을 나타내요. 고기를 말리면 아주 많이 쌓을 수 있어요.

반의어 多(많을 다) ↔ 少(적을 소)

물방울 한자 물방울 에 가려진 한자를 필순에 맞게 쓰고, 빈칸에 훈과 음을 쓰세요.

새가 나무에 모이는 한자는?

모을			
集	集	集	集
集	集	集	集
[ ] 집	모을 [ ]	[ ] 집	모을 [ ]

총 12획 丿 亻 亻 亻 亻 亻 亻 隹 隹 隹 集 集

말린 고기 아래 고기를 쌓은 모양의 한자는?

많을			
多	多	多	多
多	多	多	多
[ ] 다	많을 [ ]	[ ] 다	많을 [ ]

총 6획 丿 ク 夕 夕 多 多

한자 어휘 한자의 음을 쓰세요.

1. 한곳으로 모으는 集合 [ ] 합
2. 분량이 많고 적은 多少 [ ]
3. 한가운데로 모으는 集中 [ ]
4. 아주 많이 발생하는 多發 [ ]
5. 여럿이 모이는 集會 [ ] 회
6. 아주 많이 급한 多急 [ ]

예습! 6급 한자 合(합할 합) 會(모일 회) 복습! 한자 少(적을 소) 中(가운데 중) 發(쏠/필 발) 急(급할 급)

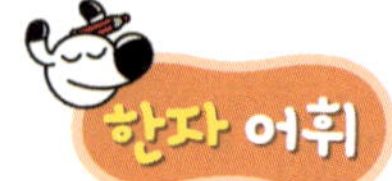

문장을 소리 내어 읽고 한자의 음을 쓰세요.

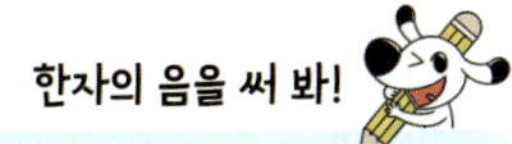

1 우리 가족은 광화문에서 열리는 **集會**에 참석했어요.

회

2 **多少** 차이는 있으나 거의 비슷합니다.

3 전국에서 수많은 사람들이 이곳으로 **集合**했습니다.

합

4 여기는 사고가 **多發**하는 곳이니 조심해서 운전해야 합니다.

5 여름철에는 비가 **集中**적으로 내립니다.

6 당황한 표정과 **多急**한 목소리, 웃는 표정과 따뜻한 목소리.

다음 밑줄 친 단어의 한자를 <보기>에서 고르세요.

<보기>　　① 集會　　② 集合　　③ 多發　　④ 多急　　⑤ 多少

1. 호루라기 신호에 따라 모두 집합하였습니다. ________

2. 다소나마 병에 차도가 있어 다행입니다. ________

3. 집회에 각지에서 많은 사람이 모였습니다. ________

4. 아내는 다급한 목소리로 남편을 불렀습니다. ________

27 날개 파닥이며 **익힐 習**, 활 꾸미는 깃털이 **약할 弱**

익힐 **습**

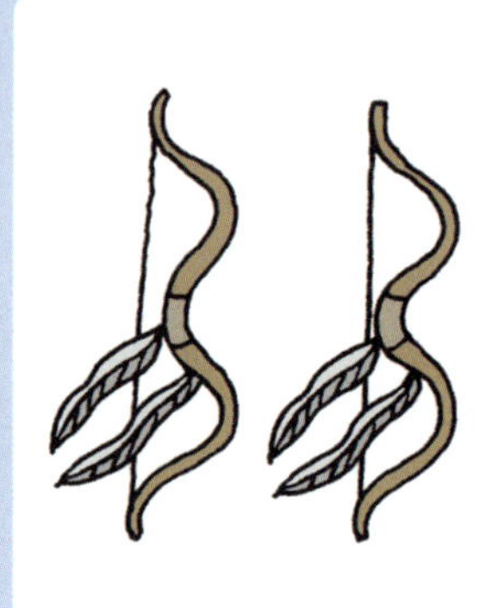

약할 **약**

'익힐 습'은 날개를 파닥이며(羽)
어리고 흰 새가 나는 법을(白) 익히는 모습이에요.

'약할 약'은 활을(弓) 꾸미는 깃털을(羽)
그려 약한 것을 나타내요.

풀이말 풀이말을 큰 소리로 읽으며 획을 따라 쓰세요.

따라 써 봐!

풀이말			
習 날개를 파닥이며	白 어리고 흰 새가 나는 법을	익힐 습	익힐
弱 활을 꾸미는 깃털과	弱 활을 꾸미는 깃털이	약할 약	약할

도움말 習(익힐 습)에서 羽(깃 우)는 새의 날개와 깃털을 그렸어요. 또 白(흰 백)은 해에서 흰빛이 나오는 모습인데, 여기서는 어리고 깃털이 흰 새를 나타내요.

유의어 習(익힐 습) ― 學(배울 학)

반의어 習(익힐 습) ↔ 敎(가르칠 교)

물방울 한자 물방울 ⬤ 에 가려진 한자를 필순에 맞게 쓰고, 빈칸에 훈과 음을 쓰세요.

날개를 파닥이며 흰 새가 나는 법을 익히는 한자는?			
익힐	☐ 습	익힐 ☐	☐ 습 · 익힐 ☐

총 11획 ㄱ ㄱ ㄱ ㄲ ㄲ ㄲ ㄲ 習 習 習 習

활을 꾸미는 깃털이 약하다는 한자는?			
약할	☐ 약	약할 ☐	☐ 약 · 약할 ☐

총 10획 ㄱ ㄱ ㄹ ㄹ 弓 弓 弱 弱 弱 弱

한자 어휘 한자의 음을 쓰세요.

❶ 배우고 익히는 **學習** ☐☐

❷ 강함과 약함 **強弱** 강☐

❸ 스스로 익히는 **自習** ☐☐

❹ 허약한 몸 **弱體** ☐체

❺ 풍속과 습관 **風習** 풍☐

❻ 적고 변변하지 못함 **弱少** ☐☐

예습! 6급 한자 強(강할 강) 體(몸 체) 風(바람 풍)　　**복습! 한자** 學(배울 학) 自(스스로 자) 少(적을 소)

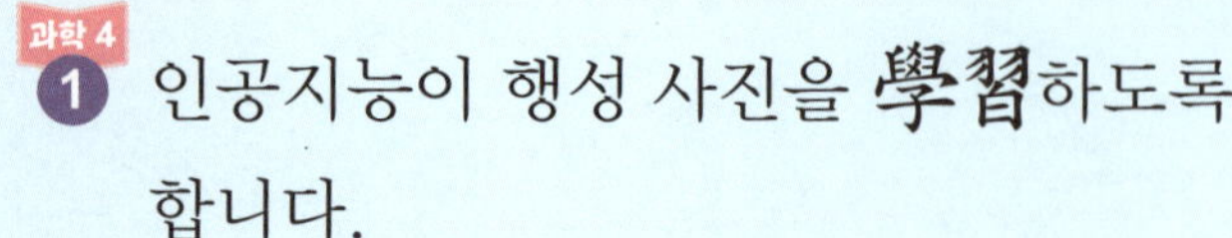 문장을 소리 내어 읽고 한자의 음을 쓰세요.

한자의 음을 써 봐!

과학 4

1 인공지능이 행성 사진을 **學習**하도록 합니다.

2 **弱少**하지만 저희가 준비한 **飮食**을 좀 드십시오.

,
• 飮(마실 음) 食(먹을 식)

3 **自習**을 잘하는 아이들은 자립심이 강해요.

4 **弱體**라고 알려졌던 상대 팀의 공격은 예상외로 거셌습니다.

체

국어 4

5 이 일에서 동지에 팥죽 먹는 **風習**이 생겼답니다.

풍

6 노래는 **強弱**을 잘 조절해서 불러야 아름답게 들립니다.

강

도전! 6급 시험

다음 밑줄 친 단어의 한자를 〈보기〉에서 고르세요.

〈보기〉　① 學習　② 自習　③ 風習　④ 強弱　⑤ 弱體

1. 싸움의 승패가 꼭 힘의 강약에 있지는 않습니다. ＿＿＿＿＿

2. 민족 고유의 풍습을 잘 이어 가야겠습니다. ＿＿＿＿＿

3. 아침 자율 학습 시간에 독서를 하였습니다. ＿＿＿＿＿

4. 우리 팀은 약체이지만 최선을 다했습니다. ＿＿＿＿＿

정답 **1** 학습 **2** 약소, 음식 **3** 자습 **4** 약체 **5** 풍습 **6** 강약 ｜ 1. ④ 2. ③ 3. ① 4. ⑤

28 끝이 뾰족한 뿔 角, 짐승 발자국이 밭에 찍힌 차례 番

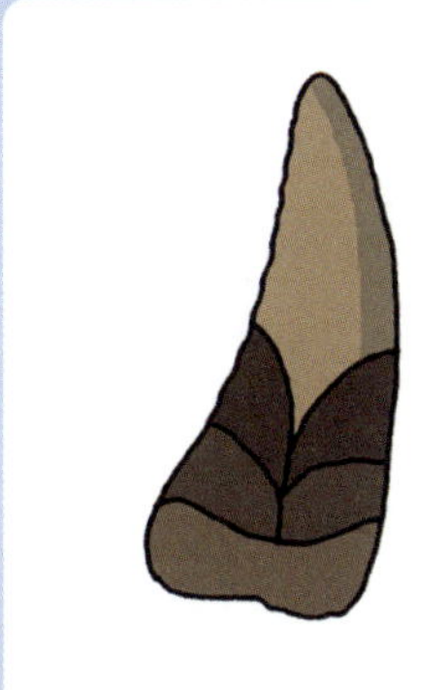

뿔 각

'뿔 각'은 끝이 뾰족하고(ᠰ) 주름진
무늬가 있는(用) 뿔을 그렸어요.

차례 번

'차례 번'은 짐승 발자국이(釆)
밭에 차례로 찍힌(田) 것을 표현했어요.

풀이말을 큰 소리로 읽으며 획을 따라 쓰세요.

따라 써 봐!

角	角	角	角
풀이말 끝이 뾰족하고	주름진 무늬가 있는	뿔 각	뿔 ☐

一 ⌐ 爫 爫 乎 乎 釆

番	番	番	番
풀이말 짐승 발자국이	밭에 줄지어 차례로 찍힌 모양	차례 번	차례 ☐

도움말 番(차례 번)에서 釆(짐승 발자국 변)은 짐승 발톱과 발가락이 땅에 찍힌 발자국을 나타냈어요.

 **물방울 한자** 물방울 ⬤ 에 가려진 한자를 필순에 맞게 쓰고, 빈칸에 훈과 음을 쓰세요.

 **한자 어휘** 한자의 음을 쓰세요.

① 각진 정도 **角度**   도

② 차례를 뜻하는 숫자 **番號**

③ 각지게 깎은 나무 **角木**

④ 땅에 매긴 번호 **番地**

⑤ 90도의 각 **直角**

⑥ 번번이 **每番**

예습! 6급 한자 度(법도 도 | 헤아릴 탁)   **복습! 한자** 號(이름 호) 木(나무 목) 地(땅 지) 直(곧을 직) 每(매양 매)

수학 4

1. 윤서는 망원경의 **角度**를 높여서 별을 관측하였습니다.   도

2. 주민 등록 **番號**를 범죄에 이용하기도 합니다.

3. **角木**을 몇 개 잘라 적당히 조립해서 의자를 만들었습니다.

4. 정확한 주소를 쓰려면 **番地**를 알아야 합니다.

5. 두 **直線**이 만나서 이루는 각이 **直角**일 때, 두 직선은 서로 수직이라고 합니다.   ,
· 直(곧을 직) 線(줄 선)

6. 할머니는 **每番** 같은 말을 되풀이하십니다.

다음 밑줄 친 단어의 한자를 <보기>에서 고르세요.

<보기>   ① 角度   ② 直角   ③ 番地   ④ 每番   ⑤ 番號

1. 은행에서 <u>번호</u>표를 받고 순서를 기다립니다.   ________

2. 이 문제는 다른 <u>각도</u>에서 접근해야 합니다.   ________

3. 수평선과 수직선이 <u>직각</u>을 이룹니다.   ________

4. 누나는 시험 때마다 <u>매번</u> 일등을 하였습니다.   ________

29 새가 날개 펴서 일으키는 바람 風, 집 벽에 뚫린 창 窓

바람 풍

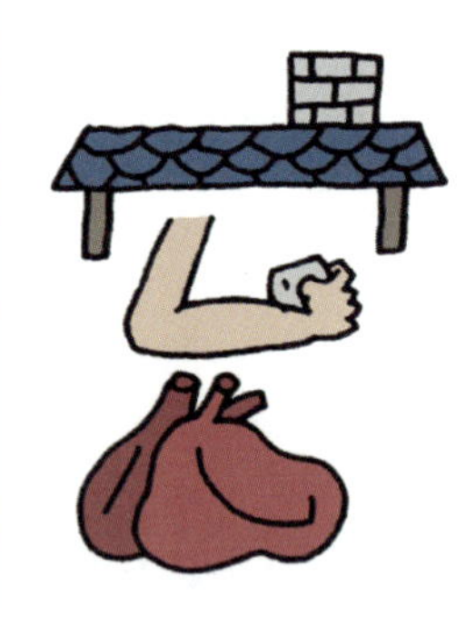 

창 창

'바람 풍'은 큰 새가 날개를 펴고(几) 바람을 일으키며 (ノ) 벌레를 잡는(虫) 모습이에요.

'창 창'은 집의 벽에(穴) 구멍이 뚫려 있어(厶) 마음이 확 트이는(心) 창을 나타내요.

 풀이말을 큰 소리로 읽으며 획을 따라 쓰세요.

따라 써 봐!

風	風	風	風	風
큰 새가 날개를 펴고	바람을 일으키며	벌레를 잡는	바람 풍	바람

窓	窓	窓	窓	窓
집의 벽에	구멍이 뚫려 있어	마음이 확 트이는	창 창	창

도움말 窓(창 창)은 집의 벽에 구멍(穴 구멍 혈)이 크게 뚫려(厶) 마음(心 마음 심)이 확 트인다는 뜻으로, 창문을 나타내요.

물방울 한자 물방울 ● 에 가려진 한자를 필순에 맞게 쓰고, 빈칸에 훈과 음을 쓰세요.

큰 새가 날개로 바람을 일으켜 벌레 잡는 한자는?	風 風	風 風	風 風	風 風
바람	☐ 풍	바람 ☐	☐ 풍	바람 ☐

총 9획 ノ 几 几 凡 凡 同 風 風 風

벽에 구멍이 뚫려 마음이 트이는 창을 나타낸 한자는?	窓 窓	窓 窓	窓 窓	窓 窓
창	☐ 창	창 ☐	☐ 창	창 ☐

총 11획 ` ´ 宀 宀 空 空 空 空 窓 窓 窓

한자 어휘 한자의 음을 쓰세요.

❶ 바람의 빠르기 **風速** ☐

❷ 벽에 낸 작은 문 **窓門** ☐

❸ 바닷바람 **海風** ☐

❹ 창을 작게 뚫은 곳 **窓口** ☐

❺ 봄바람 **春風** ☐

❻ 한 학교에서 공부한 **同窓** ☐

복습! 한자 速(빠를 속) 門(문 문) 海(바다 해) 口(입 구) 春(봄 춘) 同(한가지 동)

1 깃발이 흔들리는 것을 보고 **風速**을 가늠했어요.

체육 3
2 미세먼지가 심한 날은 **窓門**을 닫고 외부 활동을 줄여요.

3 여기는 바닷가라 **海風**이 세요.

4 통합 민원 발급 **窓口**는 저쪽에 있습니다.

5 삼월이 되자 **春風**이 불어 온갖 꽃이 활짝 피었습니다.

6 같은 학교를 같은 해에 나온 사람을 **同窓**이라고 합니다.

다음 밑줄 친 단어의 한자를 〈보기〉에서 고르세요.

〈보기〉　① **春風**　② **海風**　③ **風速**　④ **同窓**　⑤ **窓門**

1. 오늘은 <u>해풍</u>이 거세게 붑니다. ________

2. 겨울에는 추워서 <u>창문</u>을 꼭꼭 닫습니다. ________

3. 민수와 성주는 초등학교 <u>동창</u>입니다. ________

4. 순간 최대 <u>풍속</u>이 초당 7m나 되었습니다. ________

 빈칸에 알맞은 한자와 훈음을 쓰세요.

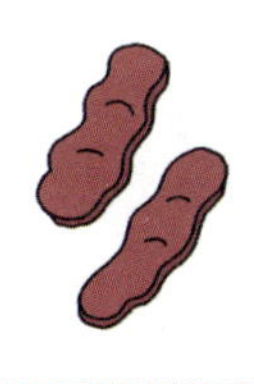

多

바람 풍

集

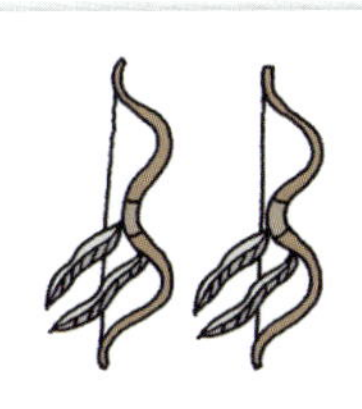

弱

角

익힐 습

美

番

洋

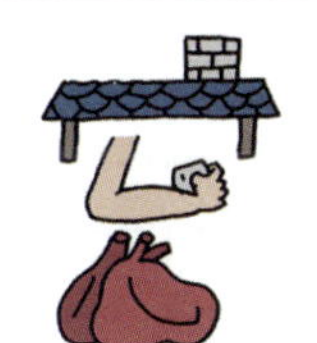

窓

차례 번

많을 다

風

習

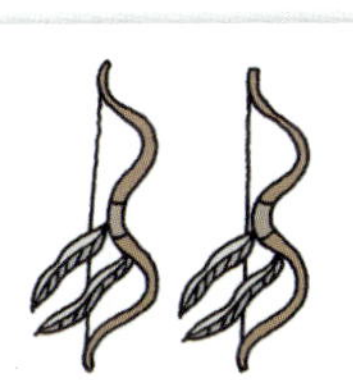

약할 약

<보기>　洋　美　集　多　習　弱　角　番　風　窓

① 노래는 강　　을 잘 조절하여 불러야 아름답게 들립니다.

② 주민 등록　　호를 범죄에 이용하기도 합니다.

③ 전국에서 수많은 사람들이 한곳에　　합했습니다.

④ 다정이는　　술에 특별한 재능이 있습니다.

⑤ 수평선과 수직선이 직　　을 이룹니다.

⑥ 같은 학교를 같은 해에 나온 사람을 동　　이라고 합니다.

⑦ 한국해　　과학기술원에서는 해저 탐사 로봇을 만들었습니다.

⑧ 　　소 차이는 있으나 거의 비슷합니다.

⑨ 여기는 바닷가라 해　　이 세게 불어요.

⑩ 인공지능이 행성 사진을 학　　하도록 합니다.

6급 급수 시험 예상 문제

[1~10] 다음 한자어의 음(音: 소리)을 쓰세요.

<보기>　漢字　→　한자

1. 集合^합 시간과 장소를 알립니다.

______

2. 내가 좋아하는 과목은 美術입니다.

______

3. 연주할 때는 強^강弱을 조절해야 해요.

______

4. 좌석 番號대로 앉아 주세요.

______

5. 多少나마 도움이 되어 다행입니다.

______

6. 아침에 窓門 사이로 햇살이 비쳤어요.

______

7. 海洋에는 많은 자원이 있습니다.

______

8. 學習 태도가 좋아서 칭찬받았어요.

______

9. 수평선과 수직선이 直角을 이룹니다.

______

10. 오늘은 海風이 거세게 붑니다.

______

[11~14] 다음 한자의 훈(訓: 뜻)과 음(音: 소리)을 쓰세요.

<보기>　字　→　글자 자

11. 習　______

12. 集　______

13. 窓　______

14. 番　______

[15~16] 다음 한자와 뜻이 반대 또는 상대되는 한자를 골라 ☐ 안에 그 번호를 쓰세요.

15. 多 : ① 球 ② 近 ③ 木 ④ 少　☐

16. 習 : ① 黃 ② 果 ③ 敎 ④ 圖　☐

[17~18] 다음 한자와 뜻이 같거나 비슷한 한자를 골라 ⬜ 안에 그 번호를 쓰세요.

17. 洋: ① 親 ② 海 ③ 直 ④ 庭 ⬜

18. 習: ① 植 ② 朝 ③ 學 ④ 樹 ⬜

[19~20] 다음 한자와 소리(音)는 같으나 뜻(訓)이 다른 한자를 골라 ⬜ 안에 그 번호를 쓰세요.

19. 洋: ① 陽 ② 章 ③ 光 ④ 班 ⬜

20. 美: ① 角 ② 米 ③ 銀 ④ 行 ⬜

[21~22] 다음 ⬜ 안에 알맞은 한자를 <보기>에서 찾아 그 번호를 쓰세요.

<보기>
① 洋 ② 美 ③ 集 ④ 多
⑤ 習 ⑥ 弱 ⑦ 角 ⑧ 風

21. 淸 ⬜ 明月: 맑은 바람과 밝은 달

22. 同時 ⬜ 發: 같은 시기에 많은 일이 일어남

[23~24] 다음 뜻에 맞는 한자어를 <보기>에서 찾아 ⬜ 안에 그 번호를 쓰세요.

<보기>
① 集中 ② 風習
③ 風速 ④ 集計

23. 바람의 빠르기 ⬜

24. 모아 계산함 ⬜

[25~28] 다음 밑줄 친 한자어의 한자를 쓰세요.

<보기> 국어 → 國語

25. 관중이 경기장 내외에 가득 찼어요.

____

26. 노인을 공경합시다.

____

27. 우리는 동시에 출발했습니다.

____

28. 백성을 섬기는 정치가 필요합니다.

____

[29~30] 다음 한자에서 짙게 표시한 획은 몇 번째 쓰는 획인지 <보기>에서 찾아 ⬜ 안에 그 번호를 쓰세요.

<보기>
⑦ 일곱 번째 ⑧ 여덟 번째
⑨ 아홉 번째 ⑩ 열 번째
⑪ 열한 번째 ⑫ 열두 번째

29. 集 ⬜   30. 弱 ⬜

빈칸에 알맞은 한자와 훈음을 쓰세요.

한자어	쓰기	훈음 쓰기		한자 한 번 더 쓰기
사방	四方	넉 사	모 방	四方
좌우	左右	왼 좌	오른 우	
세상	世上	인간 세	윗 상	
소중	所重	바 소	무거울 중	
수족	手足	손 수	발 족	
식물	植物	심을 식	물건 물	
중심	中心	가운데 중	마음 심	
공장	工場	장인 공	마당 장	
부모	父母	아비 부	어미 모	
생명	生命	날 생	목숨 명	

한자능력검정시험을 보기 전에 알아 두면 좋아요!

1. 시험 일정은?

보통 2월, 5월, 8월, 11월 셋째 주 토요일에 실시합니다. 교육급수 시험(4급~8급)의 시험 시간은 오전 11시, 공인급수 시험(특급~3급 II)은 오후 3시로 서로 다릅니다. 또한 매년 시험 날짜가 바뀔 수 있으므로 반드시 한국어문회 홈페이지(www.hanja.re.kr)에서 확인해야 합니다.

2. 6급과 6급 II 는 다른가요?

한자능력검정시험은 교육급수(4급~8급)와 공인급수(특급~3급 II)로 나뉩니다.

교육급수에 해당하는 **6급과 6급 II는 각각 별도의 급수입니다. 급수 II는 상위 급수와 하위 급수 배정한자 수의 차이를 줄이기 위한 급수입니다.** 6급 II와 6급 배정 한자에는 8, 7급 배정 한자 150자가 포함되어 있습니다. 모든 급수 한자는 아래 급수에서 배운 한자를 포함합니다.

급수	읽기	쓰기
8급	50	0
7급 II	100	0
7급	150	0
6급 II	225	50
6급	300	150
5급 II	400	225
5급	500	300
4급 II	750	400
4급	1,000	500

3. 어떤 유형의 문제가 나오나요?

6급은 한자의 소리(음)를 묻는 독음 문제와 한자의 뜻과 소리를 동시에 묻는 훈음 문제가 60%입니다. (90문항 중 55문항)

8, 7급과는 달리 6급에서는 한자 쓰기가 20문제 나 출제됩니다. 한자 쓰기 문제는 8, 7급 배정한자 150자에서 출제되므로 본문 학습 외에 별도 학습이 반드시 필요합니다.

이 외에 반의어, 한자어 완성, 유의어, 동음이의어, 뜻풀이, 필순 문제가 총 15문제 출제됩니다.

6급 II는 6급과 비슷하나 훈음 문제의 비중이 6급에 비해 많고 한자 쓰기 문제의 부담이 다소 적습니다.

유형	8급	7급 II	7급	6급 II	6급
독음	24	22	32	32	33
훈음	24	30	30	29	22
반의어	0	2	2	2	3
완성형	0	2	2	2	3
유의어	0	0	0	0	2
동음이의어	0	0	0	0	2
뜻풀이	0	2	2	2	2
한자 쓰기	0	0	0	10	20
필순	2	2	2	3	3

4. 시험 시간 및 문항 수는 어떻게 되나요?

시험 시간은 50분이고, 합격 기준은 70점 이상입니다. 즉, 6급은 총 90문항 중 63문항, 6급 II는 총 80문항 중 56문항 이상 맞히면 합격입니다.

급수	출제 문항	합격 문항
8급	50	35
7급 II	60	42
7급	70	49
6급 II	80	56
6급	90	63
5급 II·5급·4급 II·4급	100	70

모의 한자능력검정시험

- 출제 기준 : ㈜한국어문회 한자능력검정시험
- 출제 범위 : '바빠 초등 6급 한자' 1, 2권 한자(7,8급 배정 한자 포함)
- 시험 문항 : 90문항
- 시험 시간 : 50분

채점한 후 확인해 보세요~

회차	1회	2회
맞힌 문항 수		

81개 이상 맞혔다!	예 →	대단한데요? '바빠 초등 6급 한자' 3권으로 넘어가도 좋습니다!

아니오 ↓

| 63개 이상 맞혔다! | 예 → | 잘했습니다!
2회 차 모의시험을 풀어 보세요. |

아니오 ↓

| 68~87번에
틀린 문제가 많다면? | 예 → | [추가 학습] 한자 쓰기를 한 번 더 공부한 후,
2회 차 모의시험을 풀어 보세요. |

아니오 ↓

| 1~55번에
틀린 문제가 많다면? | 예 → | 저런! 본문을 한 번 더
공부해야겠어요. |

모의 한자능력검정시험 6급

시험 시간 : 50분

합격 문항 수 :
90개 중 63개

※ 6급 한자는 1, 2권에서 배운 한자(100자)를 기준으로 출제되었습니다.

[1~33] 다음 밑줄 친 한자어의 음(音: 소리)을 쓰세요.

<보기>　　漢字　→　한자

1. 石油를 정제하면 휘발유, 경유 등 여러 형태의 기름이 만들어집니다.

2. 靑果물 시장에서 참외와 수박을 샀습니다.

3. 화분에서 싱그러운 綠色 잎을 가진 식물이 자라고 있습니다.

4. 책을 읽을 때 集中하는 것이 중요합니다.

5. 과학 學習 만화는 과학 원리를 쉽고 재미있게 전달합니다.

6. 6학년 太半이 방과 후에 학원에 갑니다.

7. 큰 아빠는 사업을 모두 淸算하고 시골로 내려갔습니다.

8. 이 박물관은 內部를 구경하기 좋습니다.

9. 가을은 오곡百果가 익어가는 풍요로운 계절입니다.

10. 스승에게 제자 된 道理를 다해야 합니다.

11. 醫科 대학에서는 사람의 몸과 병에 대해 자세히 배웁니다.

12. 어떤 모임이든 反目하면 오래가지 못합니다.

13. 그는 운동은 물론 학업에서도 남다른 頭角을 나타냈습니다.

14. 나와 피부색이 다르다는 理由로 차별하면 안됩니다.

15. 世界 여러 나라 친구들과 이야기합니다.

16. 太陽은 아주 크고 뜨거운 별입니다.

17. 둘레길에 溫和한 바람이 살랑살랑 불어 옵니다.

18. 반 친구들이 좋아하는 동물을 조사해서 集計했습니다.

19. 父親께서는 배추 농사를 지으십니다.

20. 美術 시간에 미래 사회를 상상한 그림을 그렸습니다.

21. 우리나라는 설날에 떡국을 먹는 風習이 있습니다.

22. 나는 科目 중에서 과학이 가장 재미있습니다.

23. 바닷가에서 夕陽을 배경으로 사진을 찍었습니다.

24. 이 축제는 풍년을 기원하는 마을 잔치에서 由來했습니다.

25. 배가 아플 땐 米飮이 좋습니다.

26. 弱者는 도와주어야 합니다.

27. 비가 와서 窓門에 빗방울이 맺혔습니다.

28. 동생은 童話 속 주인공처럼 꾸미기를 좋아합니다.

29. 장군은 높은 곳의 地利를 이용해 적에게 뜨거운 물을 부었습니다.

30. 신라 왕관은 黃金으로 만들어졌습니다.

31. 나는 글쓰기 실력을 키우려고 習作

노트를 만들었습니다.

32. 건강한 몸의 根本은 잘 먹고 잘 자는 것입니다.

33. 비밀番號를 다른 사람에게 알려주면 안 됩니다.

[34~55] 다음 한자의 훈(訓: 뜻)과 음(音:소리)을 쓰세요.

<보기>　字 → 글자 자

34. 野
35. 信
36. 根
37. 頭
38. 米
39. 美
40. 始
41. 愛
42. 由
43. 交
44. 童
45. 番
46. 雪
47. 樹

48. 英

49. 意

50. 注

51. 班

52. 書

53. 速

54. 油

55. 飮

[56~58] 다음 한자와 뜻이 반대 또는 상대되는 한자를 골라 그 번호를 쓰세요.

56. 朝 : ① 夕 ② 部 ③ 習 ④ 郡

57. 多 : ① 球 ② 近 ③ 木 ④ 少

58. 晝 : ① 夫 ② 反 ③ 夜 ④ 洋

[59~60] 다음 한자와 뜻이 같거나 비슷한 한자를 골라 그 번호를 쓰세요.

59. 光 : ① 言 ② 美 ③ 半 ④ 明

60. 急 : ① 速 ② 手 ③ 黃 ④ 軍

[61~62] 다음 한자와 소리(音)는 같으나 뜻(訓)이 다른 한자를 골라 그 번호를 쓰세요.

61. 永 : ① 英 ② 溫 ③ 室 ④ 空

62. 在 : ① 才 ② 太 ③ 和 ④ 童

[63~65] 다음 사자성어의 □ 안에 알맞은 한자를 〈보기〉에서 찾아 그 번호를 쓰세요.

63. 一 □ 一 夕 : 하루아침과 하루 저녁, 즉 짧은 시일.

64. 電 光 石 □ : 번갯불이나 부싯돌의 불이 번쩍이는 것, 몹시 짧은 시간.

65. 草 □ 同 色 : 풀빛과 녹색은 같으니 곧 같은 무리.

[66~67] 다음 뜻에 맞는 한자어를 〈보기〉에서 찾아 그 번호를 쓰세요.

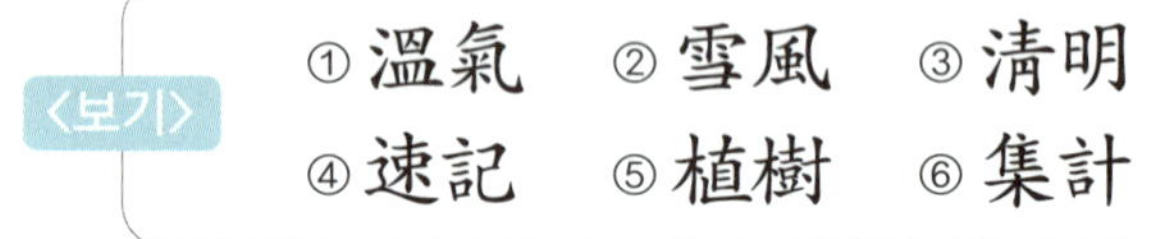

66. 눈과 바람

67. 빨리 기록함

[68~87] 다음 밑줄 친 한자어를 한자로 쓰세요.

68. 시험이 끝나면 답지를 제출하세요.

69. 이 문은 사람이 다가가면 자동으로 열립니다.

70. 할머니께서는 편안한 노후를 보내고 계십니다.

71. 우리 반에서 축구를 좋아하지 않는 학생은 소수입니다.

72. 우리 아파트는 주변에 공원이 있어 입지 조건이 좋습니다.

73. 경주에는 불국사, 첨성대 등 역사적인 명소가 많습니다.

74. 새로운 가구가 이사 오면서 우리 동네에 아이들이 많아졌습니다.

75. 농사가 잘 되려면 날씨가 좋아야 합니다.

76. 마을 주민들은 서로 돕고 살아가며 정이 많습니다.

77. 우리는 주말에 시내에 있는 백화점에 갔습니다.

78. 이 가수는 노래도 잘하고 춤도 잘 춰서 인기가 많습니다.

79. 매일 운동을 하면 몸이 튼튼해집니다.

80. 싱그러운 청춘은 인생의 봄입니다.

81. 이 공장에서는 자동차 부품을 생산합니다.

82. 지역 축제에 가면 그 지방의 독특한 음식을 맛볼 수 있습니다.

83. 나는 그 사실을 전연 몰랐습니다.

84. 매년 해수의 온도가 조금씩 높아지고 있습니다.

85. 추석에 송편을 빚었습니다.

86. 농촌은 대부분 공기가 맑습니다.

87. 참가 신청서에 이름과 학교를 기입해야 합니다.

[88~90] 다음 한자의 짙게 표시한 획은 몇 번째 쓰는 획인지 <보기>에서 골라 그 번호를 쓰세요.

88. 樹   89. 陽   90. 黃

모의 한자능력검정시험 6급

시험 시간 : 50분
합격 문항 수 :
90개 중 63개

※ 6급 한자는 1, 2권에서 배운 한자(100자)를 기준으로 출제되었습니다.

[1~33] 다음 밑줄 친 한자어의 음(音: 소리)을 쓰세요.

<보기> 漢字 → 한자

1. 과학 **全集** 중에서 별 이야기를 가장 재미있게 읽었습니다.

2. 멋지게 **洋服**을 입은 삼촌이 결혼식장에 들어섰습니다.

3. 최근 인공지능 분야가 **急速**하게 발전하고 있습니다.

4. **風物** 소리에 저절로 어깨가 들썩입니다.

5. **多數**의 친구들이 과학 캠프에 참가했습니다.

6. **溫室**은 식물들에게 따뜻한 집과 같은 곳입니다.

7. 우리나라 서남쪽에는 넓은 **平野**가 잘 발달되어 있습니다.

8. **近間**에 학교 담장에 다람쥐가 나났다 사라졌습니다.

9. 3시나 9시가 되면 시계 바늘은 **直角**을 이룹니다.

10. **英語**는 세계 여러 나라 사람들이 많이 사용합니다.

11. 그는 벼슬을 마다하고 **在野**에서 책에 파묻혀 살았습니다.

12. **黃海**는 우리나라와 중국의 중요한 바다 통로입니다.

13. **海洋** 과학자는 바다와 그 속에 사는 생물들을 연구합니다.

14. 무선 헤드폰은 유선보다 비싸지만 사용이 매우 **便利**합니다.

15. 초여름이 되자 나뭇잎이 **草綠**으로 물들었습니다.

16. 선생님 **母親**께서는 항상 겸손해야 한다고 말씀하셨답니다.

17. 계단에서 발을 헛딛지 않도록 **注意**하세요.

18. 수학 시간에 0보다 큰 수를 **陽數**라고 배웠습니다.

19. 겨울에는 매서운 <u>北風</u>이 불어와 매우 춥습니다.

20. 우리 호텔은 <u>朝食</u>으로 한식을 제공합니다.

21. 바람의 방향이 우리 팀에게 <u>有利</u>하게 바뀌었습니다.

22. 병원에서는 간호사 선생님이 환자를 <u>晝夜</u>로 돌봅니다.

23. 추운 겨울에는 <u>溫水</u>로 샤워합니다.

24. 현미는 <u>白米</u>보다 더 많은 영양소를 가지고 있습니다.

25. 할머니 집은 <u>黃土</u>로 지었습니다.

26. 강원 산간에 <u>大雪</u> 주의보가 내려졌습니다.

27. 조선 <u>王朝</u>는 오래된 궁궐과 문화를 가지고 있습니다.

28. 우리 학교는 개교 50주년 기념으로 <u>植樹</u> 행사를 했습니다.

29. 엄마는 자동차에 휘발유를 넣으려고 <u>注油</u>소에 가셨습니다.

30. 아침이 되자 <u>東窓</u>으로 햇살이 스며들었습니다.

31. <u>黃太</u>는 겨울철에 잘 말린 생선으로 쫄깃쫄깃하고 고소합니다.

32. 나와 친구들은 아이스크림을 <u>注文</u>했습니다.

33. 공원에는 다양한 종류의 <u>樹木</u>이 자라고 있습니다.

[34~55] 다음 한자의 훈(訓: 뜻)과 음(音:소리)을 쓰세요.

<보기>　字 → 글자 자

34. 在
35. 集
36. 親
37. 本
38. 果
39. 科
40. 郡
41. 部
42. 夜
43. 洋
44. 溫
45. 窓
46. 角
47. 界

48. 理

49. 石

50. 陽

51. 永

52. 朝

53. 淸

54. 風

55. 和

[56~58] 다음 한자와 뜻이 반대 또는 상대되는 한자를 골라 그 번호를 쓰세요.

56. 敎 : ① 習　② 世　③ 綠　④ 科

57. 新 : ① 郡　② 道　③ 古　④ 後

58. 長 : ① 界　② 短　③ 車　④ 共

[59~60] 다음 한자와 뜻이 같거나 비슷한 한자를 골라 그 번호를 쓰세요.

59. 郡 : ① 寸　② 由　③ 住　④ 邑

60. 樹 : ① 林　② 綠　③ 班　④ 食

[61~62] 다음 한자와 소리(音)는 같으나 뜻(訓)이 다른 한자를 골라 그 번호를 쓰세요.

61. 班 : ① 夜　② 反　③ 黃　④ 計

62. 利 : ① 李　② 綠　③ 夫　④ 夏

[63~65] 다음 사자성어의 ☐ 안에 알맞은 한자를 <보기>에서 찾아 그 번호를 쓰세요.

63. 男女☐少 : 모든 사람을 일컫는 말.

64. 作☐三日 : 단단히 먹은 마음이 사흘을 가지 못함.

65. 行☐不明 : 간 곳이나 방향을 모름.

[66~67] 다음 뜻에 맞는 한자어를 <보기>에서 찾아 그 번호를 쓰세요.

66. 낮과 밤

67. 많고 적음

[68~87] 다음 밑줄 친 한자어를 한자로 쓰세요.

68. 우리는 숲 속에서 자연을 느끼며 산책했습니다.

69. 도내의 모든 초등학교가 모여 배구 대회를 열었습니다.

70. 흔들의자에 앉아있으면 아주 편안해 잠이 옵니다.

71. 나는 시장에서 파는 떡볶이를 가장 좋아합니다.

72. 우리 반은 공원에서 쓰레기를 줍는 봉사 활동을 했습니다.

73. 읍면 지역은 도시와 다른 특별한 문화와 전통이 있습니다.

74. 안데르센은 세계적으로 유명한 동화 작가입니다.

75. 수학은 생각하는 힘을 기르는 과목입니다.

76. 그 충신은 직언을 하여 왕의 심기를 거슬렀습니다.

77. 흥부는 딸린 식구가 많아 항상 먹을 것이 부족했습니다.

78. 호두과자는 천안의 명물입니다.

79. 영화표를 사고 차례로 입장했습니다.

80. 반에서 가장 키가 큰 친구가 기수를 맡았습니다.

81. 입추가 지나면 아침저녁으로 선선한 바람이 붑니다.

82. 우리 할아버지는 위로는 형이 둘이고 삼남으로 태어났습니다.

83. 할아버지는 농장에서 여러 가지 채소를 기르십니다.

84. 이 은행나무의 나이는 천년이 넘습니다.

85. 수도를 통해 우리 집까지 깨끗한 물이 공급됩니다.

86. 나는 해군이 되어 우리나라 바다를 지키고 싶습니다.

87. 정치 지도자는 민심을 잘 헤아려야 합니다.

[88~90] 다음 한자의 짙게 표시한 획은 몇 번째 쓰는 획인지 〈보기〉에서 골라 그 번호를 쓰세요.

〈보기〉

88. 童   89. 淸   90. 新
____   ____   ____

06. 01~05과 복습하기

28쪽

❶ 新 ❷ 油 ❸ 速 ❹ 樹 ❺ 本
❻ 果 ❼ 親 ❽ 由 ❾ 近 ❿ 朴

29~30쪽

1. 수목　2. 친족　3. 석유　4. 신록　5. 과연
6. 시속　7. 유래　8. 과수　9. 본부　10. 근대
11. 나무 수　12. 친할 친　13. 빠를 속　14. 가까울 근　15. ②
16. ③　17. ①　18. ③　19. ①　20. ③
21. ⑧　22. ①　23. ④　24. ①　25. 所重
26. 四方　27. 手足　28. 室內　29. ⑥　30. ⑩

12. 07~11과 복습하기

47쪽

❶ 利 ❷ 和 ❸ 科 ❹ 才 ❺ 部
❻ 陽 ❼ 米 ❽ 郡 ❾ 在 ❿ 李

48~49쪽

1. 과목　2. 편리　3. 부분　4. 평화　5. 석양
6. 천재　7. 재야　8. 군읍　9. 미음　10. 전부
11. 고을 군　12. 이할 리　13. 떼 부　14. 과목 과　15. ④
16. ②　17. ②　18. ④　19. ②　20. ②
21. ⑥　22. ④　23. ①　24. ③　25. 植物
26. 邑內　27. 數學　28. 江山　29. ⑧　30. ⑩

18. 13~17과 복습하기

66쪽

❶ 界 ❷ 童 ❸ 永 ❹ 綠 ❺ 淸
❻ 英 ❼ 注 ❽ 理 ❾ 野 ❿ 溫

67~68쪽

1. 영원　2. 세계　3. 청명　4. 초록　5. 동심
6. 체온　7. 영재　8. 평야　9. 도리　10. 주유
11. 들 야　12. 푸를 록　13. 지경 계　14. 따뜻할 온　15. ③
16. ②　17. ④　18. ③　19. ①　20. ④
21. ⑥　22. ③　23. ②　24. ①　25. 登校
26. 算數　27. 孝女　28. 植木　29. ⑩　30. ⑨

24. 19~23과 복습하기

85쪽

❶ 朝 ❷ 班 ❸ 光 ❹ 反 ❺ 黃
❻ 夜 ❼ 雪 ❽ 明 ❾ 半 ❿ 石

86~87쪽

1. 반대　2. 조석　3. 광선　4. 백설　5. 반장
6. 반분　7. 황토　8. 자연석　9. 광명　10. 야간
11. 돌이킬 반　12. 나눌 반　13. 누를 황　14. 밤 야　15. ①
16. ④　17. ②　18. ④　19. ③　20. ②
21. ②　22. ③　23. ④　24. ①　25. 電氣
26. 住民　27. 便安　28. 工場　29. ⑨　30. ⑥

30. 25~29과 복습하기

104쪽

❶ 弱 ❷ 番 ❸ 集 ❹ 美 ❺ 角
❻ 窓 ❼ 洋 ❽ 多 ❾ 風 ❿ 習

105~106쪽

1. 집합　2. 미술　3. 강약　4. 번호　5. 다소
6. 창문　7. 해양　8. 학습　9. 직각　10. 해풍
11. 익힐 습　12. 모을 집　13. 창 창　14. 차례 번　15. ④
16. ③　17. ②　18. ③　19. ①　20. ②
21. ⑧　22. ④　23. ③　24. ④　25. 內外
26. 老人　27. 同時　28. 百姓　29. ⑩　30. ⑧

답안지와 바로 비교해 보세요!

01회 모의시험

110~113쪽

1. 석유
2. 청과
3. 녹색
4. 집중
5. 학습
6. 태반
7. 청산
8. 내부
9. 백과
10. 도리
11. 의과
12. 반목
13. 두각
14. 이유
15. 세계
16. 태양
17. 온화
18. 집계
19. 부친
20. 미술
21. 풍습
22. 과목
23. 석양
24. 유래
25. 미음
26. 약자
27. 창문
28. 동화
29. 지리
30. 황금
31. 습작
32. 근본
33. 번호
34. 들 야
35. 믿을 신
36. 뿌리 근
37. 머리 두
38. 쌀 미
39. 아름다울 미
40. 비로소 시
41. 사랑 애
42. 말미암을 유
43. 사귈 교
44. 아이 동
45. 차례 번
46. 눈 설
47. 나무 수
48. 꽃부리 영
49. 뜻 의
50. 부을 주
51. 나눌 반
52. 글 서
53. 빠를 속
54. 기름 유
55. 마실 음
56. ①
57. ④
58. ③
59. ④
60. ①
61. ①
62. ①
63. ⑥
64. ⑦
65. ④
66. ②
67. ④
68. 答紙
69. 自動
70. 老後
71. 少數
72. 立地
73. 名所
74. 家口
75. 農事
76. 住民
77. 市內
78. 人氣
79. 每日
80. 靑春
81. 工場
82. 地方
83. 全然
84. 海水
85. 秋夕
86. 農村
87. 記入
88. ⑬
89. ⑧
90. ⑤

02회 모의시험

114~117쪽

1. 전집
2. 양복
3. 급속
4. 풍물
5. 다수
6. 온실
7. 평야
8. 근간
9. 직각
10. 영어
11. 재야
12. 황해
13. 해양
14. 편리
15. 초록
16. 모친
17. 주의
18. 양수
19. 북풍
20. 조식
21. 유리
22. 주야
23. 온수
24. 백미
25. 황토
26. 대설
27. 왕조
28. 식수
29. 주유
30. 동창
31. 황태
32. 주문
33. 수목
34. 있을 재
35. 모을 집
36. 친할 친
37. 근본 본
38. 실과 과
39. 과목 과
40. 고을 군
41. 떼 부
42. 밤 야
43. 큰 바다 양
44. 따뜻할 온
45. 창 창
46. 뿔 각
47. 지경 계
48. 다스릴 리
49. 돌 석
50. 볕 양
51. 길 영
52. 아침 조
53. 맑을 청
54. 바람 풍
55. 화할 화
56. ①
57. ③
58. ②
59. ④
60. ①
61. ②
62. ①
63. ③
64. ⑥
65. ⑧
66. ③
67. ⑥
68. 自然
69. 道內
70. 便安
71. 市場
72. 活動
73. 邑面
74. 有名
75. 數學
76. 心氣
77. 食口
78. 名物
79. 入場
80. 旗手
81. 立秋
82. 三男
83. 農場
84. 千年
85. 水道
86. 海軍
87. 民心
88. ⑦
89. ⑨
90. ⑩

틀린 한자를 써 보세요.

<table>
<tr><td>수험번호 □□□-□□-□□□□</td><td>성명 □□□□□</td></tr>
<tr><td>생년월일 □□□□□□ ※ 주민등록번호 앞 6자리 숫자를 기입하십시오.</td><td>※ 성명은 한글로 작성
※ 필기구는 검정색 볼펜만 가능</td></tr>
</table>

※ 답안지는 컴퓨터로 처리되므로 구기거나 더럽히지 마시고, 정답 칸 안에만 쓰십시오.
  글씨가 채점란으로 들어오면 오답 처리됩니다.

01회 모의 한자능력검정시험 6급 답안지(1) (시험 시간: 50분)

답안란		채점란		답안란		채점란		답안란		채점란	
번호	정답	1검	2검	번호	정답	1검	2검	번호	정답	1검	2검
1				15				29			
2				16				30			
3				17				31			
4				18				32			
5				19				33			
6				20				34			
7				21				35			
8				22				36			
9				23				37			
10				24				38			
11				25				39			
12				26				40			
13				27				41			
14				28				42			

감독위원	채점위원(1)		채점위원(2)		채점위원(3)	
(서명)	(득점)	(서명)	(득점)	(서명)	(득점)	(서명)

※ 뒷면으로 이어짐

01회 모의 한자능력검정시험 6급 답안지(2)

번호	답안란 정답	채점란 1검	채점란 2검	번호	답안란 정답	채점란 1검	채점란 2검	번호	답안란	채점란 1검	채점란 2검
43				59				75			
44				60				76			
45				61				77			
46				62				78			
47				63				79			
48				64				80			
49				65				81			
50				66				82			
51				67				83			
52				68				84			
53				69				85			
54				70				86			
55				71				87			
56				72				88			
57				73				89			
58				74				90			

<table>
<tr><td>수험번호</td><td>□□□-□□-□□□□</td><td>성명</td><td>□□□□□</td></tr>
<tr><td>생년월일</td><td>□□□□□□ ※ 주민등록번호 앞 6자리 숫자를 기입하십시오.</td><td colspan="2">※ 성명은 한글로 작성
※ 필기구는 검정색 볼펜만 가능</td></tr>
</table>

※ 답안지는 컴퓨터로 처리되므로 구기거나 더럽히지 마시고, 정답 칸 안에만 쓰십시오.
　글씨가 채점란으로 들어오면 오답 처리됩니다.

02회 모의 한자능력검정시험 6급 답안지(1) (시험 시간: 50분)

답안란		채점란		답안란		채점란		답안란		채점란	
번호	정답	1검	2검	번호	정답	1검	2검	번호	정답	1검	2검
1				15				29			
2				16				30			
3				17				31			
4				18				32			
5				19				33			
6				20				34			
7				21				35			
8				22				36			
9				23				37			
10				24				38			
11				25				39			
12				26				40			
13				27				41			
14				28				42			

감독위원	채점위원(1)		채점위원(2)		채점위원(3)	
(서명)	(득점)	(서명)	(득점)	(서명)	(득점)	(서명)

※ 뒷면으로 이어짐

절취선

02회 모의 한자능력검정시험 6급 답안지(2)

번호	정답 (답안란)	1검 (채점란)	2검	번호	정답 (답안란)	1검 (채점란)	2검	번호 (답안란)		1검 (채점란)	2검
43				59				75			
44				60				76			
45				61				77			
46				62				78			
47				63				79			
48				64				80			
49				65				81			
50				66				82			
51				67				83			
52				68				84			
53				69				85			
54				70				86			
55				71				87			
56				72				88			
57				73				89			
58				74				90			

바빠 따라 쓰기

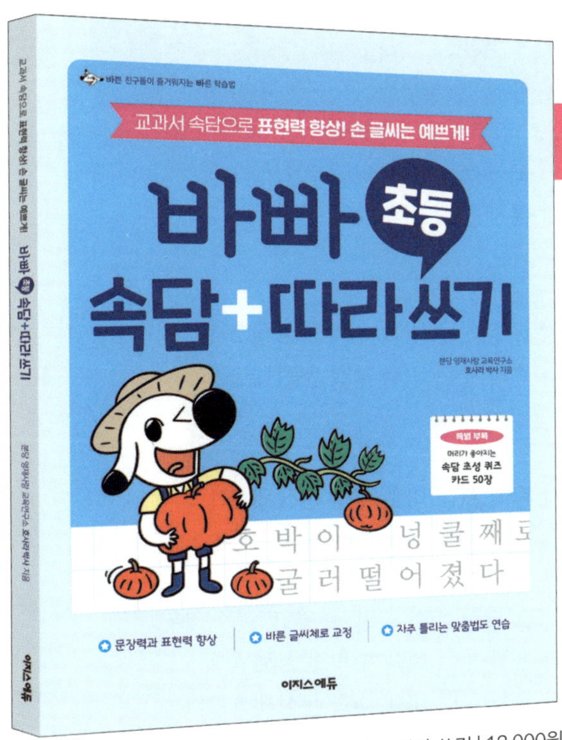

바빠 초등 속담 + 따라 쓰기 | 12,000원

교과서 속담으로 표현력 향상! 손 글씨는 예쁘게!

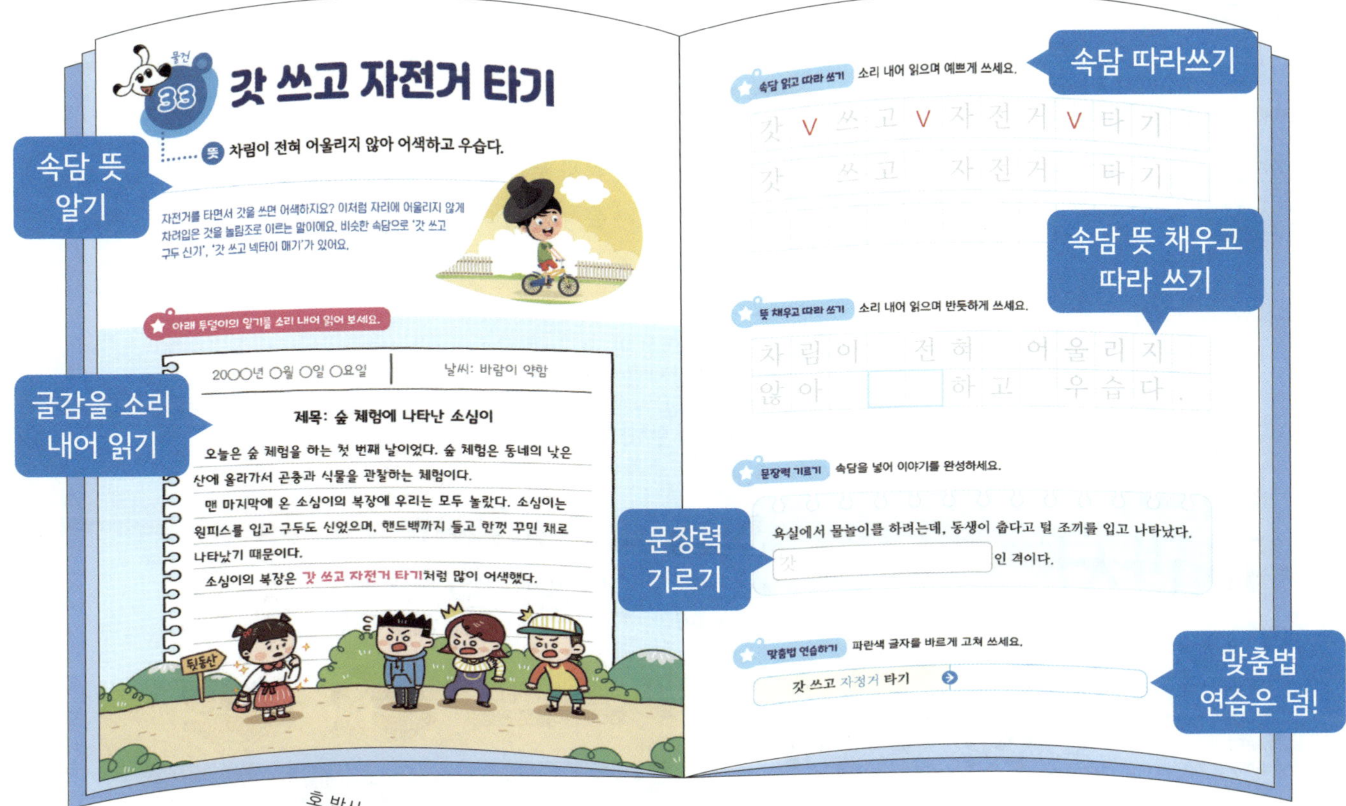

속담 뜻 알기

글감을 소리 내어 읽기

속담 따라쓰기

속담 뜻 채우고 따라 쓰기

문장력 기르기

맞춤법 연습은 덤!

호 박사
바빠 초등 사자성어+따라 쓰기와 관용어+따라 쓰기도 있어요!

바빠 ^{시리즈} 초등 학년별 추천 도서

학년	학기별 연산책 바빠 교과서 연산 학기 중, 선행용으로 추천!	나 혼자 푼다 바빠 수학 문장제 학교 시험 서술형 완벽 대비!
1학년	· 바빠 교과서 연산 1-1 · 바빠 교과서 연산 1-2	· 나 혼자 푼다 바빠 수학 문장제 1-1 · 나 혼자 푼다 바빠 수학 문장제 1-2
2학년	· 바빠 교과서 연산 2-1 · 바빠 교과서 연산 2-2	· 나 혼자 푼다 바빠 수학 문장제 2-1 · 나 혼자 푼다 바빠 수학 문장제 2-2
3학년	· 바빠 교과서 연산 3-1 · 바빠 교과서 연산 3-2	· 나 혼자 푼다 바빠 수학 문장제 3-1 · 나 혼자 푼다 바빠 수학 문장제 3-2
4학년	· 바빠 교과서 연산 4-1 · 바빠 교과서 연산 4-2	· 나 혼자 푼다 바빠 수학 문장제 4-1 · 나 혼자 푼다 바빠 수학 문장제 4-2
5학년	· 바빠 교과서 연산 5-1 · 바빠 교과서 연산 5-2	· 나 혼자 푼다 바빠 수학 문장제 5-1 · 나 혼자 푼다 바빠 수학 문장제 5-2
6학년	· 바빠 교과서 연산 6-1 · 바빠 교과서 연산 6-2	· 나 혼자 푼다 바빠 수학 문장제 6-1 · 나 혼자 푼다 바빠 수학 문장제 6-2

바빠 독해

바빠 독해 1~6단계 | 각 권 9,800원

초등 교과 연계 100%

읽는 재미를 높인 초등 문해력 향상 프로그램

호 박사 영재사랑 연구소에서 16년간 지도한 내용 중 **누구나 쉽게 성취감을 맛볼 수 있는 활동을 선별**했어요!

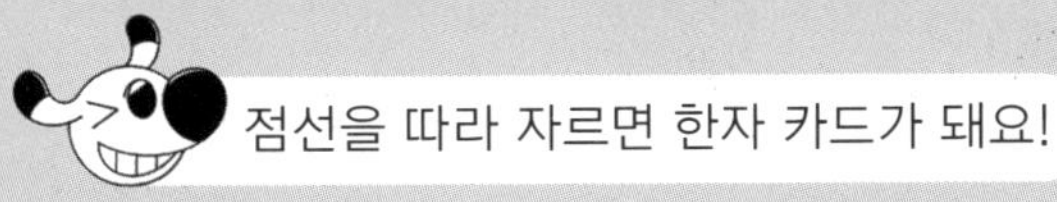

점선을 따라 자르면 한자 카드가 돼요!

本	朴	果
樹	由	油
新	親	速
近	李	陽

실과 과

성 박

근본 본

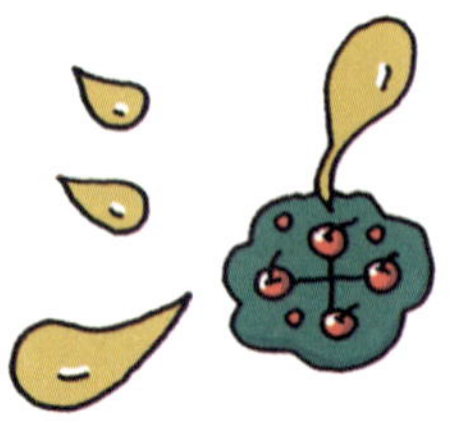

기름 유

말미암을 유

나무 수

빠를 속

친할 친

새 신

별 양

오얏 리

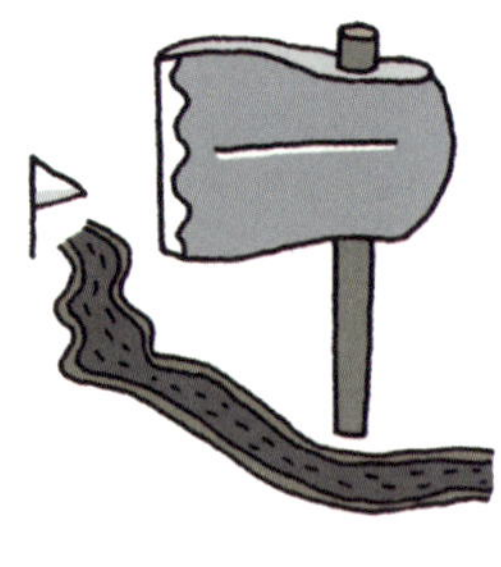

가까울 근

郡	部	才
在	利	和
科	米	童
理	野	界
清	綠	英

재주 재	떼 부	고을 군

화할 화	이할 리	있을 재

아이 동	쌀 미	과목 과

지경 계	들 야	다스릴 리

꽃부리 영	푸를 록	맑을 청

永	洋	溫
光	明	朝
夜	石	反
黃	雪	半
班	洋	漢

  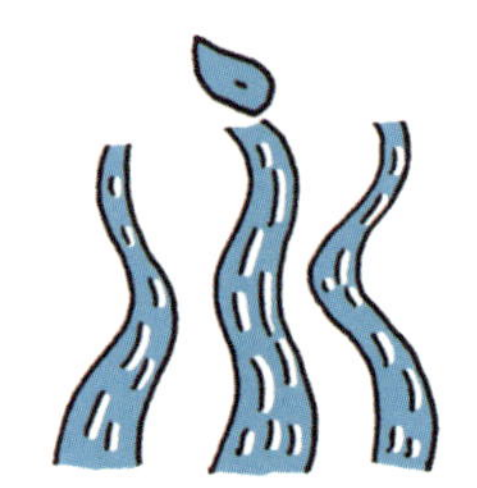

| 따뜻할 온 | 부을 주 | 길 영 |

| 아침 조 | 밝을 명 | 빛 광 |

| 돌이킬 반 | 돌 석 | 밤 야 |

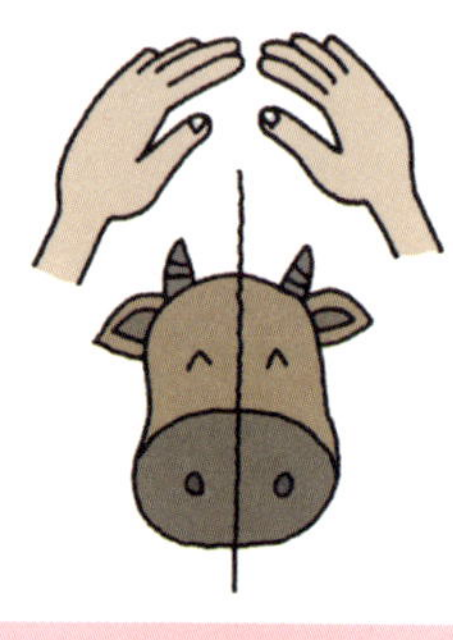  

| 반 반 | 눈 설 | 누를 황 |

  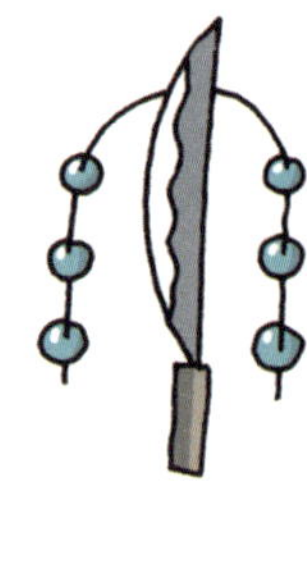

| 아름다울 미 | 큰 바다 양 | 나눌 반 |

集

多

習

弱

角

番

風

窓

👉 한자 카드 이렇게 활용해 보세요. 👈

하나

한자를 보고 훈음을 알아맞히거나, 훈음을 보고 한자를 맞혀 보세요.

둘

한자 카드를 바닥에 펼쳐 놓고 다른 사람이 불러 주는 한자를 빨리 찾는 놀이를 해 보세요. 친구들과 누가 먼저 찾는지 내기를 하면 더 재미있어요.

셋

한자가 적힌 앞면이 보이도록 카드를 펼쳐 놓으세요. 가위바위보를 하여 이긴 사람이 카드를 골라 훈음을 말하고, 정답을 맞히면 카드를 가져갑니다. 한자 카드를 많이 가진 사람이 승리!

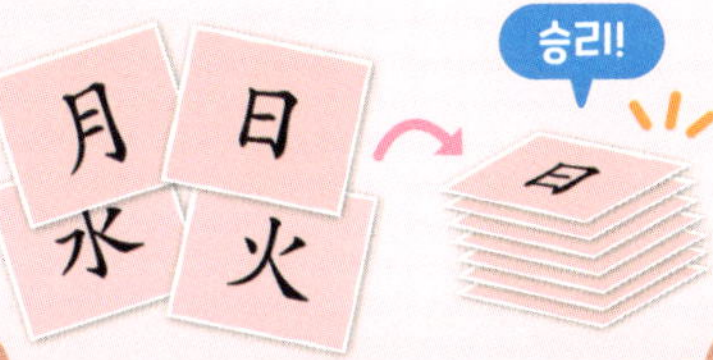

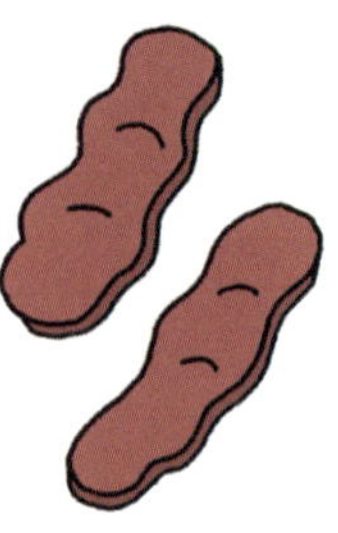
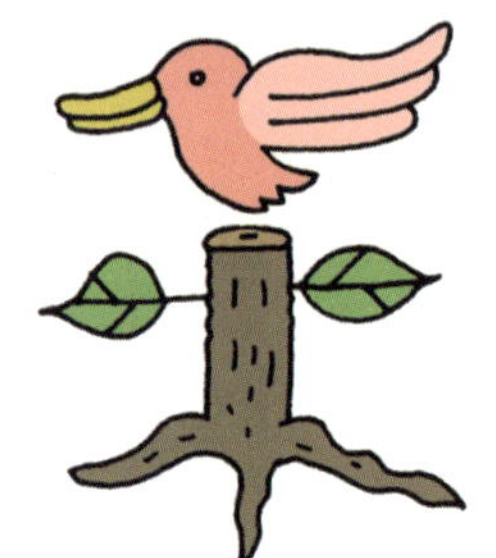

익힐 **습**

많을 **다**

모을 **집**

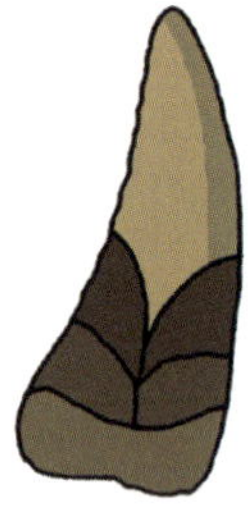
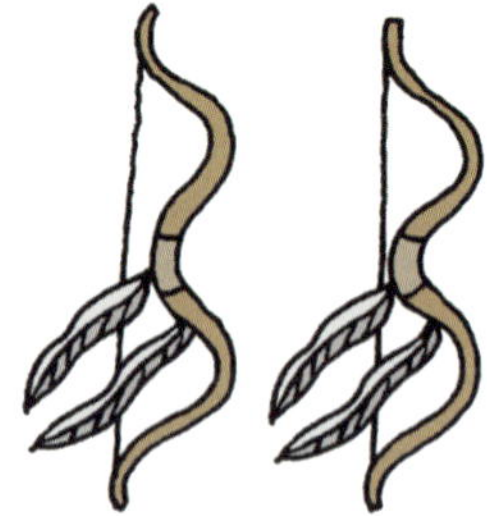

차례 **번**

뿔 **각**

약할 **약**

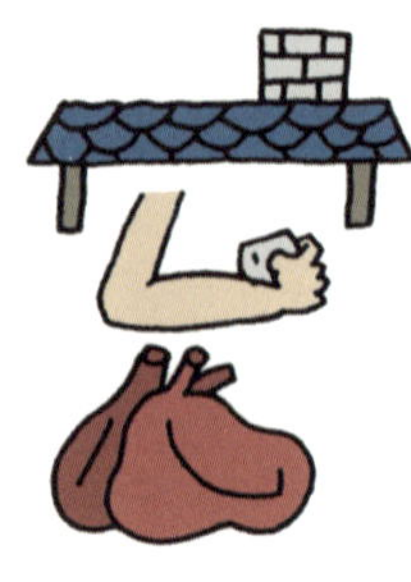

창 **창**

바람 **풍**

바빠 초등 6급 한자 2권